Eça de Queirós, Póstumo

FERNANDO DE LACERDA

Eça de Queirós, Póstumo

Crônicas Mediúnicas do Espírito

EÇA DE QUEIRÓS

Comentários de

ALMERINDO MARTINS DE CASTRO

☆

FEDERAÇÃO ESPÍRITA BRASILEIRA
DEPARTAMENTO EDITORIAL
Rua Souza Valente, 17
20941-040 — Rio-RJ — Brasil

ISBN 85-7328-211-8
3ª edição
Do 16º ao 18º milheiro

B.N.

22-AA; 000.3-O; 6/1999

Reprodução fotomecânica e impressão offset *das*
Oficinas do Departamento Gráfico da FEB
Rua Souza Valente, 17
20941-040 — Rio de Janeiro, RJ — Brasil
CNPJ nº 33.644.857/0002-84 *I.E. nº 81.600.503*

INTERNET
http://www.febrasil.org.br

Pedidos de livros à FEB — Departamento Editorial, via Correio ou, em grandes encomendas, via rodoviário: por carta, telefone (021) 589-6020, ou FAX (021) 589-6838.

CIP-BRASIL. CATALOGAÇÃO-NA-FONTE
SINDICATO NACIONAL DOS EDITORES DE LIVROS, RJ.

Q41e
3.ed.

Queirós, Eça de (Espírito)
Eça de Queirós, póstumo : crônicas mediúnicas / do Espírito Eça de Queirós ; [ditadas ao médium] Fernando de Lacerda [e, as duas últimas, a Francisco Cândido Xavier] ; comentários de Almerindo Martins de Castro. — 3.ed. — Rio de Janeiro : Federação Espírita Brasileira, 1999

ISBN 85-7328-211-8

1. Espiritismo. 2. Obras psicografadas. I. Lacerda, Fernando de, 1865-1918. II. Xavier, Francisco Cândido, 1910-. III. Título.

99-0669. CDD 133.93
CDU 133.7

110599 120599 007178

ÍNDICE

A Glória Estilística de Eça de Queirós

(Comentário de Almerindo Martins de Castro)

Depois que a literatura do Além-túmulo, a autêntica, a verdadeira, alicerçou seus vitoriosos marcos nas fronteiras do Pessimismo e da Dúvida — onde as seitas assentavam arraiais, os negadores de toda espécie lutam com verdadeiras dificuldades para sustentação das suas negações.

A princípio, as religiões, por um lado, atribuíam as mensagens dos desencarnados a manejos infernais, criando uma figura mais ou menos diabólica para responder por essas manifestações — condenadas pelo deus-maior de todas elas, as seitas; a Ciência, por outro, negava a simples possibilidade do fenômeno, estribando-se em razões e argumentos que tinham todo o cunho de coisas irrespondíveis.

Diziam, por exemplo, que a exteriorização consciente de um ser, que deixara de viver materialmente, atentava contra todas as leis e preceitos elementares da ciência biológica, pois sendo o Pensamento, o raciocínio, função do cérebro, esta deve cessar e desaparecer para sempre, com a morte e decomposição orgânica da criatura humana; que as levitações contrariavam a famosa lei da gravidade, tornando-se, por isso, sumàriamente inverossímeis; que as aparições materializadas constituíam simples alucinação da vista, de igual modo que as mensagens verbais de voz direta eram apenas ilusão auditiva.

Eis, porém, que surgiram duas documentações indestrutíveis: a fotografia e o estilo individual — uma reproduzindo a figura humana; o outro identificando a fisionomia intelectual.

Naquela, a chapa, a câmara-escura (devidamente fiscalizadas) não são suscetíveis de alucinações telepáticas ou visuais; no estilo, o autor se reafirma, se reproduz, vive a palavra, o raciocínio que lhe foram a *fisionomia* da alma — dita imortal por todos os credos religiosos, — de vez que até hoje ainda ninguém conseguiu prosseguir — *no feitio característico* — a obra literária interrompida pela morte de um autor, célebre pela originalidade na forma de escrever.

Foi então que grandes intelectuais, alguns de renome universal e portadores dos mais idôneos títulos, começaram a ocupar-se do assunto, fazendo silenciar muitos pretensos cientistas, que, sendo humílimos ribeiros, ensaiaram encrespar as águas para fingir de vagalhões em oceano irado.

Desde aí, depois dos testemunhos de Lombroso, Flammarion, Richet, Bozzano, Geley, Lodge, os fenômenos atribuídos a desencarnados conseguiram foros de cidadania e foram admitidos à discussão por eminentes escritores de todos os matizes da Ciência e da Literatura.

Pairando acima das controvérsias religiosas em que se digladiam seitas daquém e dalém mar, firmou-se no conceito das pessoas sensatas e imparciais uma literatura que, irrespondìvelmente, dá testemunho da sobrevivência consciente da Alma fora do corpo humano.

Não importa para a Verdade o discutível ponto de vista das criaturas que a controvertem: o fato, em si, não traz a rotulagem de nenhum credo, e só se afirma por ser um acontecimento real, indestrutível, teimosamente subsistente, quer o expliquem ou não, quer o compreendam ou rejeitem, quer o afirmem ou neguem, quer ocorra nos lares ou em templos de católicos e de protestantes, quer nos recintos onde reina o mais iluminado e científico materialismo de doutores e filósofos.

Reduzido cada vez mais o terreno em que se agitam os negadores, restringida que foi a fronteira do arbítrio negativista, desde quando a Verdade aí construiu suas fortalezas, a evidência desses fenômenos cada vez mais se impõe ao estudo dos espíritos libertos de preconceitos de credos religiosos ou escolásticos.

Até há pouco, quase que exclusivamente à Europa era atribuída a primazia da documentação no terreno do Psiquismo e dos fenômenos de cunho tangível, propícios à fotografia; mas, depois, a seu tempo, o Brasil foi agraciado também com os elementos de prova, que lhe trariam a autoridade bastante para afirmar a verdade, à conta própria.

De primacial relevo foram, em primeiro lugar, os fenômenos apresentados pela excepcional mediunidade de D. Ana Prado, em Belém do Pará, que produziu materializações e desmaterializações, documentadas em fotografias obtidas à luz solar e também à luz do magnésio, moldagens em parafina fervente, e outros de decisiva força convincente.

Depois, através de uma série de brilhantes e valiosos casos, que formam um registro tão opulento quanto inderrocável, surgiu a privilegiada mediunidade de Francisco Cândido Xavier, em Minas Gerais, que já fixou em livros estupendamente plasmados a continuação da obra literária de vários autores célebres e inconfundíveis, cujo estilo se identifica de modo que não deixa lugar a dúvidas, por isso que se trata de maneiras de dizer inteiramente diversas, quase de antíteses estilísticas, tais as de Guerra Junqueiro e Artur Azevedo, Antero de Quental e Emílio de Menezes, Casemiro de Abreu e Augusto dos Anjos, Antônio Nobre e Cruz e Souza.

O próprio Eça de Queirós não é estranho a esse labor, no testemunho que está nas duas mensagens finais do presente livro.

E, à maneira de um zimbório de ouro a assentar no majestoso edifício da glória da literatura de Além-túmulo, a bibliografia mediúnica apresentou os formosos e já famosos volumes de prosa ditados pelo Espírito do grande Humberto de Campos, baluartes que aí estão e hão-de ficar para torcer a teimosia dos que negam sem conhecer ou estudar, na fonte de origem, o fundamento, a verdade de tais manifestações.

Dessa natureza é este volume, constituído por mensagens do Espírito, privilegiado e inimitável, que se chamou, na Terra, José Maria d'Eça de Queirós, ditadas ao médium Fernando de Lacerda, português de nascimento, mas conhecido no Brasil, pois viveu e trabalhou, durante alguns meses, no Rio de Janeiro, onde demonstrou a verdade do seu privilegiado dom — através de mensagens que recebeu de muitos escritores e figuras de relevo na sociedade portuguesa e na História do Brasil.

E essa demonstração se pode afirmar cabal, porque o médium Fernando Lacerda, falando ou escrevendo, à sua própria conta de homem, revelava a distância, intelectualmente multiquilométrica, que o separava da própria produção psicográfica, mediúnica.

Embora publicadas há alguns lustros, em reunião com outras que formaram vários volumes, as mensagens, ora destacadas em livro autônomo, vão decerto provocar, de novo, ironias, negações, arrepios em arraiais ortodoxos, críticas iconoclastas, esmiuçamentos de falhas, todo um processo de demolição no sentido de demonstrar que o trabalho mediúnico de Fernando Lacerda atraiçoou o estilo sem rival que sagrou Eça de Queirós mestre na lusa literatura.

Em primeiro plano, virão decerto os defeitos de construção sintática, de forma verbal, de pontuação até, tudo à semelhança daquele dedo em riste dos velhos pedagogos que valia por um júri sumário condenando o aluno à palmatória.

E' preciso concordar que tais críticos anti-mediúnicos encontrarão formas estilísticas, e talvez sintáticas, capazes de ruborizar qualquer Cleópatra literária, ou mesmo qualquer Dido da Filologia.

Mas, esse processo de exegese demolidora não conseguirá empanar o brilho do conjunto, a beleza incomparável do estilo típico de Eça de Queirós, e muito menos o fundo filosófico, irônico, gracioso, original que indelèvelmente marca a feitura de cada mensagem.

Aliás, a perfeição das emoções oriundas da escultura verbal tem origem e raízes em causas muito sutis, muito subjetivas, para que qualquer um possa penetrá-las.

A Arte pura é uma estratificação de emoções.

Apenas aqueles que têm o alvião espiritual do Sentimento evoluído conseguem fender as camadas desse filão dourado, e estudar as vibrações que a Alma do artista aí acumulou — na superposição das emoções de beleza que foi, inspiradamente, sentindo e magistralmente fixando.

E porque a beleza é emoção, pouco importa que a linguagem não tenha bizarrias expressamente rebuscadas para provocar berrantes impressões. O Belo é imanente em todas as criações do Universo. Por isso, não é possível definir como se atinge esse estado de alma emotivo — emergente de vibrações gêmeas, que, estando gravadas na obra de arte, repercutem no subconsciente da criatura.

Sendo fenômeno todo subjetivo, encontra quiçá bem exato paralelo num aspecto materialíssimo da vida quotidiana. Lembra essas crianças lindas, realizações terrenas da beleza ideal dos querubins, as quais, mesmo de carinha suja, nos descuidos dos folguedos, são de irresistível encanto, e nos atraem a uma carícia, a um beijo, exteriorizações da nossa emoção que visou a humanizada obra de arte da Natureza — e não a carne sujinha do querubim formoso, fora e acima da qual existe algo impreciso, recôndito, que fala ao espírito, independente dos sentidos.

E' alguma coisa de indefinível potência, mas que se pode polarizar, fixar, gravar, à semelhança dos sons nos discos — que guardam as vozes humanas e instrumentais na aparente insensibilidade da sua composição celulósica.

Fi●am-se as criaturas, dispersam-se os artistas executantes da música; mas o que realizaram e foi fixado nas matrizes jamais se apagará, porque os discos impressos acordarão, ao simples atrito de uma agulha em aparelho próprio, toda a estrondosa beleza ali perpetuada — por um segredo — de processo que é *efeito* de uma *causa* cuja essência não se conhece ainda.

Assim, o magistral encanto da prosa de Eça de Queirós não se deve atribuir à arte que possa ter a concatenação dos vocábulos, nem a uma pretensa originalidade dos pontos de vista, pois ele comentou assuntos que todos os escritores contemporâneos abordaram também — com elegância, erudição e focalizações exatas e invulgares.

O segredo reside nesse elemento espiritual que intervém nos indivíduos e se faz sentir igualmente na vida dos povos, impulsionando-os na marcha acidentada dos seus rumos e tarefas.

O mistério desses sucessos, que valem por estradas triunfais para a glória literária, está no imperceptível sopro (1) que vem do imponderável — a despeito das barreiras de... palavras e hipóteses que a ciência oficial lhe opõe, essa pobre ciência cujo corpo de saberes exibe um manto de ouropel — a encobrir as chagas das ignorâncias.

E' esse mistério divino — castelão do Infinito — que faz descer ao mundo da Inteligência os vulcões de inspiração que deslumbram e marcam inapagáveis as gerações onde fulguram os gênios das Letras e das Artes.

E enquanto não houver mentalidade para mergulhar na luz de tal revelação latente, estará por escrever a página magistral, incomparável, emergindo a nova Renascença que houve em Portugal, quando ali surgiu e viveu a luminosa geração de talentos em que brilhou Eça de Queirós.

Isso sucedeu talvez para apagar-se a símile Idade-Média que afogara o século XVIII e avançara até às sangueiras miguelistas, em pleno século XIX.

Foi Vico de Ferrara quem traçou, na sua *Scienza Nuova,* para um gráfico elucidativo, o esquema da evolução — figurada numa espiral, cujos círculos se aproximam sem se tocar.

Assim, nos ciclos evolutivos dos povos e da Humanidade, surgem períodos semelhantes, qual se fôssem repetição de ciclos históricos, verdadeiros marcos de estágios da Civilização, acentuando períodos que as cegas criaturas não compreendem, e confundem nas coisas que vulgares parecem à ignorância dos cépticos e negadores de todo gênero.

Em Portugal, àquele tempo, a *Mesa Censória,* de origem fradesca, que tudo guilhotinava, mergulhara a nação num crepúsculo semelhante às noites polares. A prepotência tocava os quatro pontos cardeais da Intolerância. Até no teatro, os papéis femininos eram desempenhados por homens, porque a *Censura* não permitia que mulheres ingressassem nas ribaltas.

Foi então que desabrocharam as florações daquelas inteligências de escol, para renovação da obscurecida mentalidade nacional, dando banhos de riso às sebentas da Uni-

---

(1) O Espírito assopra onde quer; e tu ouves a sua voz, mas não sabes donde ele vem, nem para onde vai; assim é todo aquele que é nascido do Espírito (**João,** III, 8.)

versidade de Coimbra, duchas de galhofa às beatices convencionais dos poderosos, mergulhos de verdade aos banhistas das praias de especulações de todo gênero, chicotadas vingadoras nos feitores que tiranizavam em senzalas políticas os escravos servidores de interesses egoísticos e anti-patrióticos; arrancando máscaras aos que pretendiam fazer na terra portuguesa um carnaval interminável — na deturpação disfarçada de instituições postas assim ao serviço de vivedores profissionais.

E, ao lado desses batedores, entregues ao saneamento do ambiente, outras vozes desciam aos eitos do Preconceito e aí gritavam o evangelho da renovação da alma lusitana, convidando todos os sacrificados, que eram aos milhões, a que rompessem as correntes do seu cativeiro, derrubassem a Bastilha aonde haviam sido jogados, e viessem para a luz redentora da Liberdade dar vivas ao Portugal ressuscitado.

Se ao evangelismo de Guerra Junqueiro coube a formidável tarefa de pregar os fundamentos de tal liberdade, justiçando na filosofia dos seus versos imperecíveis as mentiras da sociedade sua contemporânea, a Eça de Queirós coube a ciclópica ilustração das teses, gisando nas páginas dos seus inapagáveis livros, em palavras de prosa que vivem e vibram qual se fôssem as próprias criaturas humanas descritas e movidas dentro delas, — todas as misérias, vícios, hipocrisias, crimes da sociedade senil, que, à força de artifícios, escondia aos olhos ingênuos da plebe as marcas e as cãs de um passado de excessos e subterfúgios.

Eça de Queirós não foi um expoente isolado na revolução intelectual do seu tempo, mas um dos elos da cadeia espiritual destinada a acorrentar os tentáculos do polvo imenso que sugara até então o rubro sangue da gloriosa gente lusitana.

E' certo que não conheceram eles, os da predestinada geração, a missão evangelizadora de reforma a que estavam fadadas as suas privilegiadas inteligências, e foram por isso dispersados nos atalhos floridos da vida social — sob a ação invisível e poderosa dos Espíritos que lutam contra a emancipação das turbas, para que permaneçam mergulhadas no sono do fanatismo, da ignorância, beatas e analfabetas.

E isso pelo enraizado erro, pela insanável cegueira de

suporem as criaturas que as lutas nos trâmites da vida se travam, originária e essencialmente, no plano material, quando, em realidade, o plano espiritual — invisível e potente — aciona essas criaturas no rumo das paixões, superiores ou subalternas, que desejam e procuram tornar vitoriosas.

Naquele memorável estágio da vida portuguesa, digladiava-se o Passado, com o seu cortejo de funâmbulos da Religião e da Política; e o Futuro, clangorando a boa palavra da regeneração da Pátria: nos costumes, nos partidos, nas cátedras, nos lares, nos templos, na literatura, na imprensa.

Venceu afinal a intolerância, bastando que dourasse os processos de vitória: a cada um dos pioneiros foi dada a sedução de uma alcatifa onde adormecesse, a sonhar, na embriaguez de glórias e triunfos efêmeros.

Foi El-Rei, D. Luís I, quem lhes predisse a derrota, ainda que sem medir a extensão das palavras, sem lhes penetrar no sentido soberanamente profundo, quando os batizou — *os vencidos da vida*.

Guerra Junqueiro, sempre fulgente no estro, cresceu em glória, mas sepultou no esquecimento os manuscritos iniciados do *Prometeu acorrentado* e do *Caminho do Céu*. Depois, precipitou-se escadas abaixo em busca da incógnita filosófica que lhe desse a chave da — *Unidade do Ser* — livro que esboçou com as tintas que tirou de todos os tratados de Biologia, lidos e reunidos em torno da sua babel filosófica. E a política e as antigualhas e as videiras o estiolaram nesses rumos depistadores da missão interrompida.

Antero de Quental teve a obsessão da Dúvida, ligada ao sofrimento físico, foi trabalhado pelas desilusões que lhe vinham à guisa de ciladas, desfibrado sutilmente nas energias, até que, sem forças para reagir à ação dos invisíveis, despenhou-se pela ribanceira do desânimo no tremedal do suicídio.

Eça de Queirós ingressou na carreira diplomática e aí deu expansão às suas tendências refinadas de homem elegante e adverso a lutas e polêmicas, a despeito do seu feitio lìdimamente anti-fradesco e do seu sincero amor às liberdades sadiamente democráticas.

E assim se dispersaram e diluíram sem estrondo, sutilmente apagadas pelos Espíritos reacionários do Espaço, todas as individualidades a quem deviam ter cabido os postos de mando e direção da vida portuguesa: Ramalho Ortigão, Oliveira Martins e todo um séquito de talentos de várias aptidões, que, postas ao serviço da Pátria, teriam ressurgido todas as energias que celebrizaram outrorora a lusa gente denodada.

*
* *

E' curioso assinalar que há um traço uniforme, eloquente, inexplicável nesses ourives da prosa e do verso: o *espírito* dentro da *palavra* das suas obras. Obras cheias de defeitos verbais, mas inimitáveis, inexcedíveis quiçá, na eloquência, na beleza recôndita que o âmago da alma portuguesa ia acolher e guardar entre os tesouros do seu infraudável patrimônio.

Original, aparentemente insolúvel o segredo de tal beleza triunfante.

Sempre se disse, ensinou e admitiu que a verdadeira arte da palavra tem por alicerce a perfeição da forma.

Foi pela impecabilidade vocabular, pela acentuação exata das ênfases, pelo colorido da adjetivação nos moldes e chavões *clássicos*, — por tudo isso, e mais pelos adubos das figuras de gramática e de retórica, nas cambulhadas equidistantes das sinédoques, hipérboles e eufemismos, — foi que se ergueu a fama dos *grandes mestres*, grandes e maiores no bafio tumular que a nossa alma sente, ao ler essa prosa marmòreamente esculturada, esses versos recheados de lentejoulas e vidrilhos, ficções que formam o harém dos eunucos literários de toda espécie.

Modelos verbais, métrica perfeita, decerto, porém iguais às trenas da crítica que indicam as polegadas e os metros das vulgaridades, mas não servem para medir a extensão dos gênios, que é infinita.

Para estes se exige o mesmo estalão das harmonias: o sentimento. Não vive na memória dos sentidos, mas no espírito; não está nas páginas fechadas do livro que se leu, e sim na emoção que recebemos e guardamos na alma, e poderemos ressuscitar do nosso íntimo, pois tem perpetuidade superior à dos monumentos que imortalizam a lembrança do que deve ficar inapagável na trajetória dos tempos.

Eça de Queirós, e os gêmeos da sua missão espiritual, encarnou no segredo da verdadeira beleza literária. Ele não foi purista, não ruminou nos buchos da subserviência intelectual — para mostrar em última digestão — a vegetação literária que viu nos prados virentes dos *velhos clássicos* de aquém ou além-mar da celebridade.

E porque venceu e se fêz um quase ídolo e se impôs figura primaz da literatura vernácula?

Porque, se em seus livros teimosamente aparecem beliscões em preceitos da Gramática, piparotes nas regras da sintaxe estilística, além de assobios a sisudas coisas da Religião e da Política, safanões nos preconceitos patriarcais, rasteiras nos valentões da fama, ironias tremendas e inexcedíveis à sociedade, aos costumes, à época, aos poderosos donos de tudo?

Simplesmente porque foi um renovador, um saneador dos exageros românticos de 1830?

Seus primeiros artigos, ao feitio de crônicas, causaram espanto e risos, pelo inusitado do processo verbalístico, pelo sarcasmo elegante e filosófico que pontilhava o comentário.

Os arrojos da crítica, por vezes iconoclasta, atirada aos fetiches dos mestres literários do tempo, rodearam o seu nome de uma auréola de mistério, chegando-se ao extremo de supor se tratasse de um pseudônimo.

E assim falando a seu modo, imprimindo diretrizes que emergiam do seu espírito, sob inspirações sutis, ele fêz escola de aparente ironia e sarcasmo, mas em realidade de autópsia social, mostrando, nos tipos escalpelados, onde estavam localizadas as gangrenas que haviam consumido as energias dos portugueses e embolorado as glórias dos tempos dos navegantes e dos vencedores da mourama.

Embora pessimista hepático, esguio, macilento, deselegante no andar e na gesticulação, guloso condenado a longas dietas hídricas, jamais pregou as insânias do Comunismo, nem as pilhagens dos regimens salvadores. Bem ao contrário, em toda a sua copiosa produção literária há fundas pegadas, a atestar que por aquelas páginas passou um espírito de quilate fino, sem lodo nos sapatos, nem fuligens nas mãos.

E' esse Eça de Queirós que vamos reencontrar nas mensagens recebidas por Fernando de Lacerda, bem identificado em todos os detalhes do seu feitio de escrever, embora esses traços possam servir para tentativas de negação, por parte daqueles que não conhecem a fundo os característicos da prosa de quem foi um destemperado insubmisso aos moldes rígidos dos chamados mestres.

Cabe esmerilhar, por entre as cintilantes expressões de ironia e de sarcasmo, que formam a trama da beleza, na urdidura filosófica das suas inimitáveis crônicas, de comentário aos maiores problemas do seu tempo e a todos os ridículos que viu; cabe esmerilhar as frases e também as formas típicas do seu estilo e maneira de dizer, bem diferente e por vezes herética dos cânones estabelecidos pelos bafientos pedagogos do tempo em que enxós tinham bainha, e era de fino e celestial feitio dizer

"Que por muito, e muito que se afinem
Nestas fábulas vãs, tão bem sonhadas,
A verdade que eu conto nua e pura
Vence toda grandíloqua escritura..."

●

Eça de Queirós pontuava — quase que sistemàticamente — de acordo com a ênfase, com a entonação que desejava dar às palavras e frisar isoladamente, ou às expressões em que a pausa daria mais realce, mais emoção, mais destaque, mais intenção na clave do correspondente sentimento.

Por isso, não é para qualquer bisonho em leitura a tarefa, algo difícil, de emprestar toda a técnica de expressão que dará aos escritos de Eça de Queirós o flagrante e original encanto, segredo do seu triunfo literário.

Voltando espaldas à férula em riste dos filólogos, gramáticos, e... *mestres*, muitas vezes assentou uma irreverente vírgula entre o sujeito e o verbo, no visível intento de dar particular entonação no calor da frase.

De outras vezes, antepôs variações pronominais, quando deviam ser pospostas, suprimiu preposições de rigor (de injustificável elipse, impossíveis de subentender), usou neologismos de arrojada escultura e estrangeirismos de estarrecente vernaculização, coisa a que Cândido de Figueiredo lançaria a excomunhão maior, na sua qualidade de sumo-

-pontífice na cidade-eterna da Filologia, e que só não foi guindado a Jesus-Cristo da Gramática, porque um Divino Mestre não pode excomungar ninguém...

E' isso que abundantemente se vai encontrar nas mensagens recebidas por Fernando de Lacerda.

Muitos mesmo, sinceramente, poderão duvidar da identidade do Eça de Queirós póstumo, o Espírito já com as clarividências da sua condição, por não haver adotado as formas perfeitas de um estilo impecável em absoluto.

Sem reparar em que as falhas constituem precisamente um dos índices de identificação, algum leitor exclamará talvez: Isto é imperdoável! e Eça de Queirós sabia português, e foi um mestre no escrever.

Mas as mensagens têm o estilo flagrante do seu autor, o encanto, a delicadeza, a ironia fina, o sarcasmo gêmeo do assunto, o pessimismo risonho e superior com que ele polvilhava tudo quanto lhe passava pelo crivo da crítica e do comentário.

Ele falava com o personalismo espontâneo da sua individualidade, aparentemente complexa decerto, porque, reencarnação evidente de um erudito e forte Espírito de outras eras, conservava muitas tendências das outras vidas. E ele o confessa, em mais de um elegante período, o irresistível de rir, de troçar os ridículos e os exageros dos seus semelhantes.

E, para convencer-se, é suficiente que cada um faça o confronto das formas típicas, das expressões peculiares que distinguiam o Eça de Queirós, homem, vivo, com as que constituem as mensagens que reafirmam, ressurgem o Eça de Queirós póstumo, Espírito, morto para os da Terra e imortal para a Eternidade. Nem todos aceitam o ponto de vista dos que crêem na sobrevivência consciente do Espírito fora do corpo material; mas, em recíproca, muitos haverá, *com olhos de ver,* que identificarão a verdade, sentindo a força convincente e a evidência que ressaltam dos inimitáveis e inconfundíveis períodos que constituem verdadeiras jóias literárias, tais os que formam as mensagens — *O Natal,* o *Ano Novo, Dia de Reis,* e tantas outras.

E porque é preciso dar provas do que se afirma, forçoso é também cometer a dolorosa irreverência de apontar nugas que se assinalam em — todos — os livros do imortal escritor.

Frisando bem que Eça de Queirós pontuava de acordo com a ênfase ou entonação que desejava à frase, compreender-se-á sem esforço a originalidade destes exemplos de entre dezenas que se encontram nas *Prosas Bárbaras*:

"Tu, pobre mulher chorosa, amaste aquele homem: vestiste-o com os teus cabelos, alimentaste-o com o teu hálito, coroaste-o com o teu olhar, divinizaste-o com o teu desejo; ele era formoso, e são, e forte, e apaixonado: mas se passares por ao pé dele agora, ó pobre mulher chorosa, põe bem a mão no nariz."

Ora, parece (sem irreverência a quem soube e amou o idioma) que, entre os vocábulos *apaixonado* e *mas*, caberia melhor uma vírgula, pois é regra elementar, na lição dos entendidos, que "sempre se põe vírgula antes dos relativos e antes das *conjunções*, tanto no latim, quanto no português".

"Os romanos não podiam entrar no templo: no átrio da primeira galeria havia inscrições, em grego e em latim, que vedavam aos gentios, aos pagãos e aos samaritanos penetrar além."

Qualquer escritor, sem receio de errar, teria, em seguida à palavra — *templo*, posto uma vírgula e escrito a conjunção — *pois,* na forma causal — *pois que* "no átrio da primeira galeria havia, etc.

Neste outro, bem curioso e típico, dois pontos (:) separam orações coordenadas, havendo o emprego de ponto e vírgula numa das orações em que talvez melhor ficasse aquele sinal (:), de vez que as seguintes ao ponto e vírgula são explicativas:

"Em tudo cheio de artifício e de vaidade; se entram na sinagoga querem o melhor lugar, o mais largo, e todos os vêem batendo no peito sob a amplidão do manto: se vão pela rua ou pelo campo, prostram-se ruidosamente a orar, se vêem o olhar do homem: se dão uma esmola, contam-a como virtude, apregoam-a como exemplo: e sempre argumentando, vociferando, enchendo o santuário de disputas e invetivas! Se, numa ceia, algum dos convivas faz a ablução sobre a testa, com a mão toda, em lugar de a fazer só com dois dedos, amaldiçoam-no, clamam pelas iras de Jeová e levantam-se escandalizados: nunca ninguém os vê consolar uma viúva, ou ajudar um velho a andar: os pobres, os abandonados, são para eles como os que estão tocados de peste: caminham com os olhos fechados para não verem as mulheres, e com os pés nus para se ferirem nas pedras: mas, por baixo do seu zelo, são cheios de apetites, como um homem sanguíneo!"

Nas *Notas Contemporâneas*, inclusive no seu notável artigo sobre a personalidade eminente de Ramalho Ortigão, encontram-se destas amostras, na colocação de pronomes:

"Então eu arrastei-o para o pé...

"Mas Ramalho dá-nos o *realismo* da paisagem.

"...que o espírito vai-os seguindo a compasso eletrizado...

"Isto é divertido: e eu vejo-me forçado a citar as minhas palavras..."

E estas das *Cartas de Inglaterra*:

"...que olhos enlevam-se...

"Isto dá-lhe... Antigamente contava-se..."

Dos *Ecos de Paris*:

"Quem *a não* conhece e *a não* relê essa história... (O grifo é da transcrição.)

"Ainda nesta carta, lhes não falo da Inglaterra."

E mais estas das *Prosas Bárbaras*:

"Eu sinto-me desfeita na vida formidável da terra!

"...os medos católicos já a não vergaram para o pó."

Nos descuidos de estilo e construção há matizes vários, de que podem dar ideia estes:

"Olhe, isso que você publicou no *Atlântico* tinha-o você já dito na véspera, à noite. Sabe aonde? Num sarau, em casa do senhor Marquês...

"A multidão vê falso. Vê: em Portugal sobretudo.

"...estou convencido que Ramalho não o importunaria.
"Você ainda se lembra que...
"...ódio estéril, como um mocho dentro do seu buraco..."

No gênero cacófatons basta apontar ligeiros exemplos:

"Em Portugal, porém, foi-se sempre lamentàvelmente mesquinho...
"...e a única garantida pela academia..." — (*Últimas Páginas*, cap. Testamento de Mecenas.)
"...então não significa nada..." — (*Notas Contemporâneas*, pág. 110.)
"Mil francos por cada soldado.
"E cada semana, por cada paquete...
"...tal como ela era pregada ainda há pouco." — *Cartas Familiares*, pág. 151.)
"Oh prima Maria, que surpresa!..." — (*A Ilustre Casa de Ramires*, pág. 393.)
"...podendo ao menos servir como elas...
"...ocuparia por motivo de operações militares Port-Said e Suez...
"Colocou-se a população de Alexandria, por tais excessos...
"...um volume de duzentas páginas, sem uma só linha tolerável.
"...poriam a *Epopeia da Revolução* ao par da *Eneida*." — (*Cartas de Inglaterra*, ed. pop., págs. 105, 160, 167.)
"...também não será para ti!" — (*Ecos de Paris*, página 63.)

Nos casos do infinito impessoal, o grande escritor mostrava acentuada ojerisa por essa forma tão elegante e tão privilegiadamente portuguesa e benquista dos nossos beletristas.

Mas, a verdade é que, a despeito de todas as falhas estilísticas e de tudo quanto se descobrisse de imperfeição nos livros de Eça de Queirós, esse monumento literário permaneceria intacto na beleza majestosa e original que o consagrou.

Assim também nas mensagens que formam este livro busque cada um, sem fixar frioleiras, a beleza bem sã e bem verdadeira que surge a todo momento no decurso das páginas, igualmente bem repletas daquela ironia desataviada, mas encantadora, com que zombava dos atrevidos de todo gênero.

Da mensagem XV:

"Nem eu, nem ninguém aqui, pode responder, com verdade e boa-fé, a todas as perguntas que nos fizerem. Cada um de nós sabe só a parte limitadíssima que cabe na esfera dos seus conhecimentos individuais. A onisciência ainda não atingiu este mundo. E' privilégio dos *mestres* daí, desde o mestre sapateiro, que filosofa sàbiamente sobre a existência de Deus, até o mestre em filosofias, que questiona argutamente com o sapateiro, sobre a maneira de lhe tombear as botas. Eu, por mim, confesso que nem talvez saiba o que presumo saber, — que bem pouca coisa é, afinal."

E mais adiante, na XVI:

"O que quase nunca pode aparecer é a reprodução fotográfica do nosso modo de ser terreno.

E' um fato natural, e uma consequência precisa do nosso desligamento da Terra. A nossa vinda para aqui liberta-nos das suas exigências e priva-nos dos seus encantos. Destrói o que de comum nos prendia. Dissolve os laços de interesse que nos unia a ela, e desloca o ponto visual da nossa apreciação. Modifica o tom cromático da nossa retina, e altera a escala sensível da nossa apreciação, da nossa crítica e do nosso afeto."

....

"As suas belezas perderam o encanto; as suas vaidades o interesse; os seus esplendores a grandeza; os seus afetos a emoção; e até os seus vícios perdem o apetecimento e a sutilidade capitosa da tentação, como as rosas perdem a frescura e a beleza, cortadas da haste que as criou."

....

"Foram os privilegiados, os amantes da Sorte. Não travaram relações com a garra recurvada da Dor, nem viram morrer, uma a uma, as grandes ilusões que douram o arrebol da vida, e que o Desengano, coveiro trágico do grande cemitério do Destino, vai enterrando, pachorrentamente, na cova da amargura, e com elas os pedaços, retalhados ao vivo, da alma nesse mundo."

....

"Pois quem raciocina assim, pode gabar-se de que fará a desesperadora inveja ao mais atilado asno."

"Tudo no Universo tem valor relativo. Isto parece do meu Acácio, mas é verdade. Mesmo que o meu Acácio não era outra coisa senão a criação humanada das verdades consagradas."

E em último destaque:

"Vi um dia, num estreito cubículo de bricabraquista, um velho quadro sujo, de cores duras, assunto caseiro, piegamente banal. Tive pena da luz com que o meu olhar cansado de observador o iluminou momentâneamente. Pareceu-me uma inutilidade, como muitas outras amontoadas, sem arte e sem limpeza, num triste estabelecimento de negociante de velharias.

Dias depois, noticiava-se que havia sido descoberto um Rembrant verdadeiro entre velhos tarecos de um ferro-velho de antiguidades. Foi posto em exposição, depois de carinhosamente tratado. Fui vê-lo. Era o quadro anônimo e sujo, para que eu, num olímpico gesto de ignorante, desdenhara olhar.

Os que criticam o que daqui escrevo têm, para seu uso, a mesma falhada escala de apreciação.

Olham-no prevenidamente, como coisa tua (1), e acham-no banal, ínfimo, pretensioso, sacrílego; achá-lo-iam assim, ainda que fôsse uma harmonia de frases belas, de ritmo cantante, como o de uma cascata de pérolas caindo sobre lâminas de oiro fino.

Se, porém, o lerem, antecipadamente convencidos de que vão ler coisas minhas (que me perdoem os literatos que não

(1) Refere-se ao médium, Fernando de Lacerda, a quem eram dadas as mensagens.

gostarem de mim), acharão ambrosia divinal, fragmentos brilhantes de literatura diamantina..."

*
* *

Que cada um receba um sorriso bom do Espírito de Eça de Queirós, ao término da leitura das suas mensagens, que eu, de mim, rogo o de perdão, por haver mesclado a minha colherada de algaravia na terrina de ouro onde ele serviu o fino *consommé* da sua prosa imortal!

I

Chegando lá em cima...

25 de Novembro de 1906.

Quando atravessámos a ponte do Caronte, ao encontrarmo-nos do outro lado, somos irresistìvelmente levados a balancear toda a nossa obra feita na Terra.

Não pude furtar-me à lei geral. Ao balanceá-la vi que estava pobre. Encontrei: — Riso 40 por cento; ironia 50; amargura 5; dor 4; de todos os outros sentimentos 1. Era um escritor falido.

O riso e a ironia são artigos a que por aqui se dá muito pouco apreço.

Pretendi convencer a minha consciência, espécie de guarda-livros feroz, de que as provisões com que me tinham preparado para esta viagem não eram de todo más; que, se não eram a genuína canela de Ceilão, nem o chá da China, nem a seda de Cambraia, nem o cravinho e a pimenta da Índia, eram também coisa necessária à Humanidade, e que talvez Deus me perdoasse o não ter curado do arranjo de coisa melhor, pela fé em que eu estava de que na Terra, no seu apodrecido estado atual, o riso e a ironia mordaz, ainda que partissem de um indivíduo naturalmente triste, como eu, deviam ser coisa útil e boa. Corrigiam e amenizavam; e quem cansa o cérebro a procurar arietes para arrasar e destruir os ridículos humanos, deve ser quase tão benemérito como aquele que vibra à Humanidade punhaladas de dor na alma couraçada pelo egoísmo e pela indiferença. Nada a movia. Fechou o balanço com tão grande saldo negativo que fui considerado absolutamente falido.

Apelei para o bom Deus. Ele, o julgador sereno e universal, absolveu-me.

Foi porque viu que eu, se cedia para os outros, como mercancia utilitária, o riso e a ironia, tinha para meu uso larga reserva de dor e de amargura; e que, talvez, só ainda por amorável abnegação, eu parcamente fazia extravasar o fel, espremido em doses homeopáticas, nas rajadas de troça com que chicoteava o meu preclaro semelhante ridículo.

Liberto da pena, por aqui ando, triste e hipocondríaco, chorando nênias à riqueza que desperdicei na Terra e à que não soube adquirir por aqui.

E' possível que, perdulário impenitente, eu pense ainda em, pelo condutor que tu me ofereces, arremessar aos impertigados ridículos dos conspícuos cidadãos da Terra, alguns petardos de cauterizante pólvora; mas será isso em oportunidade própria e não ao primeiro momento em que te lembres de me chamares à pedra, ou de abrires o receptáculo da peça com que hei-de disparar. Crê. Não pouparei o meu belo burguês, que se baba extático ante a estátua afrodisíaca da Verdade, sem dar um segundo do seu pensamento àquele que mourejou toda a sua vida a fazer jus a que lhe fornecessem à «faiblesse» genital o belo tipo nu da nossa gentil minhota!

Ele, nessa admiração macheal, paga o seu tributo à cretinice da volúpia; e eu, na minha chicotada benéfica, pagarei a sua dívida à Justiça e ao bom senso.

Podem, talvez, dizer que não causa admiração quem não soube admirar nada. Isso não os desculpa. Eu também admirei, também amei, também sofri; mas tive sempre muito parca consideração para com o «parvenu» universal, para que fizesse dele o meu confidente. Para quê? Espremer o meu coração ante o público para que ele se risse ou enauseasse? Não. Era preferível espremer o coração dele, e fazê-lo rir de si próprio nos esgares epilépticos de um endemoninhado.

Analisava-o, escalpelava-o como um anatomista faria a um cadáver, e mostrava a esse colossal corpo vivo, em lição de anatomia moral, as partes gangrenosas do seu coração; as cavidades vazias do seu cérebro; a purulência infectante dos resíduos cerebrais que ainda tivesse, e desfibrava, uma a uma, todas as fibras de que se compõe o seu mimoso corpo.

E então esse lindo sátiro da Verdade via que os nervos e os tendões que a fazem curvar na zumbaia admirativa e veneradora, se chamam muitas vezes hipocrisia e servilismo; que os que o reteza no seu aperuado «aplomb», se chamam orgulho, vaidade, ignorância, estultícia e pretensão; que aqueles que lhe provocam a agilidade e a dedicação, se chamam interesse, egoísmo e ambição; os que lhe dão a impressão sensória do amor, são a sensualidade, o vício, a perversão; os que lhe oprimem a alma na dor e na angústia, são, muitas vezes, a inveja, a insaciabilidade, a avareza e a maldade.

E ele, o homem grande, ao surpreender-se virado do avesso e refletindo-se no seu íntimo como num espelho de cristal, tomava o único expediente fácil e possível: — o de rir cìnicamente, como um tarado inconsciente ao ser apanhado em flagrante de delinquência.

A mulher, a cândida mulher, a vestal, a deusa, que o homem inventou para burra de carga e instrumento da sua lascívia, esta tem talvez menos defeitos apreciáveis.

O seu cèrebrozinho vibrátil e emocionante, quando revoluteia dentro da pura atmosfera feminil, não segrega venenos perigosos senão para as rivais; e o seu coração, se destila, por vezes, inveja e rancor, perfídia e intriga, merece o perdão, porque a maior parte delas queimam aquele carnoso músculo no altar da paixão, da fé e da abnegação. E depois a mulher foi a nossa mãe, foi a nossa esposa, foi a nossa filha; e foi a única coisa boa que eu deixei na Terra, foi o ter sabido amar minha mãe e minha mulher. Amei-as a meu modo; mas amei-as sinceramente; e é a sua recordação a única fibra que me move à parca sensibilidade a que sou acessível.

Às mulheres, senão amor, ao menos respeito. E' corda que não quero tanger. Mas são as mulheres; porque as mulheres machas, as campeãs do feminismo, as rivais dos homens, detesto-as. Têm todos os defeitos do homem, notàvelmente exagerados, sem nenhuma das virtudes da mulher.

São o híbrido de duas coisas más: — o homem mau e a mulher má; por isso um refinamento em qualidades péssimas.

Perdoa a causticidade. Isto hoje não é ironia; é soda cáustica, é vitríolo. Queima, chaguenta.

E' que me recordo, com desespero, que por ter querido eliminar pelo riso, ou quando menos modificar pela troça, os ridículos e as maldades do meu semelhante, me esqueci de que era como ele ridículo e pretensioso; estéril e seco de carinhos e afetos, como um Saára humano, e por isso fali desastradamente na minha obra espiritual. Não confundir com a minha obra de espírito; que essa ainda deu algum dinheiro aos editores, algum riso aos parvos, alguns pensamentos aos filósofos, algum desprezo aos tristes, uma meia estátua a mim; e aos velhos, aos lascivos, aos sátiros, uma bela e escultural mulher... de pedra, para a admiração da vista e obnóxias recordações cultuais.

Realmente... realmente...

O' Deus de bondade e de amor: — perdoa-me! O mundo não se pode tomar senão a rir!

Quem o tomar a sério será louco, desgraçado ou... santo.

Deixa-me rir, Senhor, deixa-me rir!!!...

P. S. — Tu, que és um triste e não tens no teu carcás setas com que eu possa crivar a Humanidade, recua.

Busca o meu arsenal, e põe-no à minha disposição. Compreendes?

EÇA DE QUEIROZ.

II

A rica bagagem... pobre

27 de Novembro de 1906.

Estranha coisa é esta!

Quando na Terra, tive ocasião de assistir a experiências que interessaram muito o meu cuidado de observador. Em Paris, um dia, efetuou-se uma sessão em minha casa, a que assistiram, entre outros, o Navarro e o Faria; e ali obtivemos notícias, que nos pareceram autênticas, de pessoas idas.

O assunto era sério demais para que lhe prestasse o meu amor «blasé», e deixei-o. Camadas sucessivas de tempo cobriram essa impressão, e era necessário depois esforços grandes da minha vontade, para acreditar, eu próprio, que não tivéssemos sido vítimas de mistificação.

Os tempos passam, novos tempos vêm, e eu passei daí para aqui.

Nos últimos tempos do meu macerado corpo na Terra, eu procurava levantar as camadas endurecidas que escondiam aquelas curiosas experiências a que havia assistido, e queria ver se o meu espírito doente, no corpo doente, podia, numa acuidade suprema, prever a verdade do singular mistério da morte. Mas ele recuou mais uma vez, ante a seriedade de uma coisa para que se confessara fraco.

E eu, que não queria extinguir-me, armei dentro em meu peito um luminoso altar ao Deus de minha mãe; afervorei-me a ele, e refleti: — Deve ser verdade a existência de Deus e da vida eterna.

Uma ideia não atravessaria os tempos, sempre firme

e sempre grande, vencendo todos os obstáculos que a maldade dos homens lhe tem anteposto, se não fôsse a eterna e indestrutível verdade.

E depois minha mãe crê, e quero crer também.

Tenho espalhado tanto riso, e concentrado tanta dor, que bem posso agora pôr a minha alma a rir, no momento final em que o meu alquebrado corpo vai consumar a dor derradeira.

Assim passei.

O meu «eu», mineiro empobrecido e alquebrado da mina da ironia, entrou na vida sonhada e crida, à força de vontade, e sorridente e feliz, por ter despido o porco escafandro em que atravessara esse imundo charco, que se chama — o mundo.

Nunca tiveste a sorte grande, não?

Não; mas os que a hajam tido que te expliquem a sensação de assombro, de alegria doida, que os toma ao terem a almejada notícia. Entretanto eles não jogaram nunca senão para terem essa sorte.

Espantam-se duma coisa que foi sempre a sua mais fagueira e aferrada esperança.

Ora foi o que me sucedeu.

Nos últimos momentos que vivi nesse vale de lágrimas... de crocodilo, enclavinhei as minhas unhas de náufrago na tábua da derradeira esperança no ressurgimento, como um jogador «enragé» na esperança da sorte máxima. Pois fui tomado de igual assombro ao ver que essa sorte me tinha saído, e que este corpo, só de ossos feito, jazia estatelado no fofo colchão onde finalizou a sua marcha, e eu — o meu apetecido «eu» espiritual — me despegava dele como de uma véstia inútil e sebosa, saindo daquela desengonçada prisão, como um pintassilgo de uma gaiola velha.

Não sei bem se o pintassilgo, ao sentir-se livre, canta imediatamente hinos à liberdade querida; eu é que, confesso, não me senti logo com muita vocação para a cantoria.

E' que nesse ramo da «bell'arte di canto» fui sempre um desgraçado.

Trauteava às vezes, baixinho, a medo de me surpreender eu próprio no estranho caso, um fadinho brejeiro ou uma modinha de Vila do Conde; e qualquer dessas coisas não tinha na grandeza a solenidade do ato, nem o «entrain» de uma «marseillaise» celestial; por isso senti grande embaraço na conjunctura.

A minha consciência — o tal guarda-livros a que anteontem te aludi — deu-me um repelão furioso e tirou-me da dificuldade; e cruzando os braços diante de mim, perguntou-me em fera catadura:

— Vamos, «blasé»; vamos, vencido da vida (oh! oh!); vamos, ironista; vamos, idiota, dize lá o que fizeste.

Por onde andaste com esse fenomenal riso de parvo?

Que bagagem dás ao manifesto, ao passar a aduana celestial?...

Senti-me aterrado.

Nunca nas minhas mais fantásticas concepções imaginei que houvesse aqui uma sucursal da aduana portuguesa.

Era a mesma delicadeza e a mesma curiosidade!

Estaquei de assombro, e refleti que devia ser bem poderosa a minha pátria lusa, para estender as suas raias além da imortalidade. Procurei equilibrar-me, e reflexionei: — Vamos, tendo de haver aqui guarda fiscal e não sendo francesa, prefiro então que seja minha patrícia. E quis parlamentar.

Mostrei a minha rica bagagem.

— Olhe, aqui tem. Este é o crime da Estrada de Cintra — o meu primeiro crime...

Abriu os olhos e respondeu:

— Isto aqui não é Boa-Hora. Diga o que traz. Eu não tenho nada com os seus crimes...

— ...«O Crime do Padre Amaro»...

— Já lhe disse que isso aqui não é Boa-Hora... que tenho eu agora com o crime do Padre Amaro?... Padres criminosos têm aqui passado muitos...

— ..«O Primo Basílio»...

— Não preciso conhecer a família... Adiante.

—...«O Mandarim»...

— Mau! Você está a brincar comigo? Que tenho

eu com os mandarins? Nós não estamos na China, no Celeste Império, estamos no império celeste.

Achei graça ao trocadilho garrídico do Cérbero aduaneiro, e continuei:

— «Maias», «Fradique Mendes», «Relíquia», «Cidades e as Serras», cartas de várias partes do globo terráqueo, artigos de revistas, jornais, contos...

— Homem, pare lá! Mas que tenho eu com isso?...

Fêz-se luz para mim. Esquecia-me de que a guarda fiscal portuguesa não sabia ler!!!

— Pois, senhora guarda fiscal, não trago mais nada útil.

— Pois, senhor viajante, será mais verdadeiro se disser que não traz nada útil.

Bagagem avariada, bagagem avariada!

Pode passar sem pagar despacho, mas não lhe auguro nada de bom aí mais para diante. Vai suceder-lhe como à cigarra de La Fontaine: — cantou mas vai dançar agora...

Aterrorizei-me. Que me iria suceder?

Quis comover a minha patrícia. Falei-lhe no português mais comovente que sabia, e ela desatou a rir. Compreendi então que nunca foi o meu forte fazer chorar os outros... senão de raiva ou de inveja; e lamentei não ter estudado no meu dicionário os palavrões que puxam a lágrima e sensibilizam os corações aos soldados e às matronas. O que sabia era de meu próprio uso, espécie de camisa de noite, qualquer coisa de pessoal como uma escova de dentes, ou umas pantufas da manhã; e disso não podia oferecer para a sensibilidade alheia.

Lembrei-me de lhe cantar a palinódia de Juvenal, de que «ridendo castigat mores»; mas o Cérbero estava como o meu médium: — não sabia latim.

Desisti. Passei, cabisbaixo.

À saída encontrei caras conhecidas que estavam à espera de ver como eu me saía do apuro, e tive o desprazer de constatar que nem aqui deixava de encontrar quem estivesse à espreita da dor e do sofrimento alheio, para o libar como precioso néctar.

Fechei-me, couracei-me e ri-me.

Desconcertei-os.

Ficaram com cara de palmo e meio. Segui, e lá fui com a minha bagagem à desinfeção.

Entreguei-a com a ridente esperança de que os empregados do posto fôssem também portugueses; e que por isso gostassem de ler, ler muito, mas... de graça, e que por algumas horas de amena despreocupação de espírito, fôssem mais benévolos e tolerantes do que a minha consciência...

Enganei-me. Fiquei desgraçado.

Era uma peste de tal ordem a minha obra, que a queimaram toda. Auto-de-fé puro e simples.

E aqui tens, meu amigo, a minha entrada triunfal na imortalidade.

Ao mesmo tempo que eu, grande na minha terra, literato laureado, candidato notável ao posto de guarda portão do Monteiro Milhões, era assim tão rudemente tratado, via serem recebidos, com todo o carinho e aceitação, bandos sucessivos de miseráveis esfomeados, farrapentos, torturados, anônimos dos hospitais e das mansardas, que traziam o sofrimento marcado nos fundos sulcos do rosto, como os antigos forçados traziam a marca do ferrete braseado.

E pus-me a cogitar: — mas que gente é esta aqui, que recebe tão hospitaleiramente os maltrapilhos, e repudia e maltrata as pessoas limpas como eu? Observemos. Isto deve ter por força explicação estranha.

Antes de prosseguir no meu caminho para o destino que me haviam assinalado, coloquei-me em observação.

Não me meti de permeio com a turba multa, porque me enojei. Lembrei-me daquelas maravilhosas peregrinações a Lourdes, trescalando a humidade, a suor e a porcaria; e pus-me a sítio largo, mas conveniente.

Comecei a ver. Eram pobres que tinham passado pela Terra curvados ao jugo férreo da dor, sempre resignados, sempre crentes em Deus, sempre bons!

Companheiros inseparáveis da lágrima e da fome, passaram todo o tempo como párias pacíficos, louvando ao Deus que lhes mandava as suas privações e os seus tormentos, sem um grito de revolta, sem uma blasfêmia de maldição.

Todos eles traziam na sua rota escarcela uma boa ação, pelo menos; uma prova de bondade, de dedicação e de carinho.

Noites desveladas à cabeceira de um pai ou de um filho, orando ao Deus de paz e amor, que mal sonhavam existir; bendizendo o Deus de dor e de tormento que lhes levava esse filho ou esse pai; dias avergados ao trabalho extenuante, para entreter a fome dos filhos andrajosos, sem um protesto, com o riso nos lábios, o carinho na alma e o agradecimento ao Deus invisível que lhes dava aqueles filhos, que eram o instrumento do seu cansaço e do seu martírio, o riso do seu amor, e a felicidade da sua vida!

Filhos dedicados que se privaram do indispensável para darem o bastante, e às vezes o supérfluo, aos seus trêmulos velhinhos, pedindo ao Deus, que não conheciam, a conservação desses velhinhos, que eram o tormento material da sua vida, mas a alegria consoladora da sua alma.

Estranhos que amavam e serviam o seu semelhante, numa abnegação para mim desconhecida e que suporia impossível na Terra. Legião enorme de boas almas, que não conheciam gramática, mas que praticavam o bem e o amor; onde se não cultivava a ironia, a mordacidade ou a maledicência, mas onde se afervorava o culto pela amizade, pela abnegação.

E pasmei então por nunca ter encontrado na Terra semelhante gente. Pareciam-me de um outro mundo; magos esfarrapados de longínquas regiões orientais, onde as castas abastardadas vegetam na torturada abjuração do ideal emancipador. E ria-me deles no egoístico confronto das nossas diversíssimas personalidades; e a cada momento interrogava-me sobre o que iria suceder àquela multidão cosmopolita e babilônica, onde o cabelo fulvo se mesclava com as tranças azevídicas; onde a tez morena, muito minha conhecida e amada das mulheres de Avintes e das boêmias de Andaluzia, se baralhava com o branco lácteo das «women» londrinas ou das pálidas e rechonchudas holandesas.

Vasto ciclorama; pandemônio universal onde se falavam ao mesmo tempo todas as línguas conhecidas nas ruidosas arengas de uma feira sevilhana, ou na disputada conversação de sete algarvios meus patrícios, e se compreendiam todos numa maravilhosa uniformidade de pensamento.

Aqueles a quem a ignorância terrena não permitiu libar o falerno da asneira, nem rilhar a maçã da sabedoria, lá iam, humildes, resignados, como grandes rebanhos de ovelhas brancas, despindo os andrajos e envergando túnicas alvas como o jaspe; cantando hinos e subindo, subindo, em luminosas ondulações, como ciclópicos cachos de anjos das gravuras de Gustavo Doré; e outros a quem a tarântula da vaidade ou o lacrau do orgulho haviam envenenado o sangue dessorado do seu tortulhado corpo carnal, desciam, ruminando blasfêmias, sem a consolação de um olhar carinhoso nem o vislumbre de uma esperança cara, para as regiões das trevas, para os planos de horror!

Comecei então a compreender; e aos meus ouvidos começaram a martelar aquelas lindas frases do Evangelho: — **Os últimos serão os primeiros. Deixai vir a mim os pequeninos e os humildes, porque deles é o reino dos Céus.**

Arranquei-me daquela contemplação. Quis convencer-me de que não era bem um daqueles sonhos com que o estonteante clima de Paris me delirava o cérebro, depois de uma ceia no Mabile ou no Café Inglês, onde o champanhe se bebesse pelos bicos rosados das tetas das «cocottes», até cairmos sob a mesa que os cristais baratos e as iguarias «raffinées» da cozinha francesa pejavam e ornamentavam, no báquico deslumbramento de uma orgia «hors ligne».

Não foi coisa fácil, tão estranho e tão imprevisto era o quadro que sucessivamente se deparava ao meu olhar espantado.

Valeu-me ainda a minha consciência, que gritou naquele velho tom de tarimbeiro que eu lhe conhecia há longos anos, que acordasse, que eram horas de seguir o meu destino.

Obedeci, atordoado. Segui passivamente no primeiro rancho onde deparei o riso.

Não podia viver sem ele. Os que saindo dos andrajos repelentes, entravam nas suas roupagens brancas como toupeiras que se envolvessem em algodão em rama, não me seduziam.

Choravam e rezavam; e eu não soube nunca haver-me bem com quem rezasse ou choramingasse. Lá me fui de longada com os que riam despreocupados, indiferentes, de consciência serena, sem ambições nem desfalecimentos, sem tristeza nem doloridas manifestações de arrependimentos tardios. Artistas, poetas, estróinas, mulheres galantes, a quem a virtude não pesou muito, boêmios sem bagagem, escarcela vazia e pele ao léu.

Por lá nos espalhámos, apertando as mãos e rindo, rindo, numa grande comoção de riso e alegria: — hino monumental composto de notas cristalinas como as de cristal de rocha, ao Pai, ao Deus que numa magnânima manifestação da sua bondade divina permitia que lançássemos o riso bom através dos mundos e através dos tempos, como supremo protesto contra os grotescos da exótica personalidade humana.

E agora, amigo, que me fiz justiça, adquiro direito de justiçar os outros.

EÇA DE QUEIROZ.

III

Aprendendo a conhecer

16 de Dezembro de 1906.

Vai decorrido muito tempo sobre a última comunicação que te fiz. Nem a tua oportunidade nem a minha se têm conjugado de modo a podermos continuar a nossa tarefa. Tenho-o sentido muito.

Sem ser um saudoso da Terra, sou todavia ainda um amigo dela. Compreendes. A minha psicologia de triste talvez me puxasse, me atraísse grandemente para a vida intensiva da espiritualidade, afastando-me assim da vida materialona desse planeta; mas o meu feitio, produto laborioso e acentuadíssimo do meu hábito, do meu estudo, atrai-me também, com estranha sedução, para as coisas que me foram particularmente agradáveis na minha recente peregrinação aí na Terra. E agora, que me sinto liberto dos sofrimentos físicos que me acompanharam nas últimas etapas do meu estádio terreno, parecia-me que o meu modo de ver e de apreciar, que chamavam mordaz e frio, mas que eu cria e creio justo, devia acentuar-se em manifestações mais brilhantes e mais incisivas. Enganei-me, porém, meu amado amigo.

Dizia e pensava (porque muitas vezes dizemos, mas não pensamos o que dizemos) que se me fôsse permitido analisar livremente, e do alto, os ridículos dos meus semelhantes na Terra, o faria com uma justeza e até com uma crueldade torturante, que espantaria os meus mais sinceros apreciadores. Via agora a pleno foco de intensiva luz os infinitos cordelinhos, aí invisíveis, que movem os títeres humanos; e só assim compreendia muito fato estranho de que nunca achei a causal. Teria ocasião de fazer justiça em muito assunto em que fui injusto; e apontar, com segurança profissional de um operador, os pontos do organismo social que carecessem de emolientes, de cautério, de golpe ou de extração.

E admirava-me de que havendo aqui no «post mortem» tanta gente boa, honesta, dedicada e justa, essa gente se desinteressasse assim, tão ràpidamente, das recentes coisas que a preocupavam até ao exagero, deixando correr tudo ao Deus dará, quando consumiram a melhor parte da sua vida e da sua inteligência no esforço titânico de querer «endireitar a sombra de uma vara torta». Enquanto tomavam a sombra pela vara, trabalhavam afanosamente, extenuantemente e improficuamente. Agora que podiam distinguir a verdade da aparência, o pau da sua sombra, e que tinham assim mais probabilidade de trabalhar com êxito, deixavam a empresa como coisa indigna da mais vulgar atenção.

A minha admiração, contra aquele fato inexplicável, originava em mim o sincero protesto de não seguir jamais aquela orientação; e dizia a mim próprio que se um dia chegasse a ter a probabilidade séria de ainda poder apontar ao mundo os seus ridículos e as suas pindáricas toleimas, o faria sem hesitação e com sincero prazer.

Era a tarântula da inconsciência a morder-me.

Chegou, enfim, o dia desejado. Não veio bem em um nevoeiro cerrado como o nosso desejado D. Sebastião há-de vir; mas veio trazido pela tua mão e pela tua estranha faculdade.

Abrias-me a porta, por onde eu podia penetrar de novo na cena da vida terrena, e então agora, armado em branco como Lohengrin, viria bater-me pela minha dama, a Verdade, como aquele belo e lendário príncipe pela sua princesa barbantina.

Pois meu querido amigo, vejo-me forçado a confessar que fui mais uma vez injusto com aqueles daqui, do mundo espiritual, nas levianas apreciações que fazia ao seu desinteresse e à sua despreocupação das coisas terrenas, que ainda me afadigavam e remordiam.

Vi, com eles, «isto» — o mundo, a Terra, o homem, a Civilização, o progresso, o amor — enfim, — «isto» —

tão banal, tão insignificante, tão mesquinho, tão pequeno, que me possuí da mais profunda indiferença que jamais terá atacado um ser humano.

Sucedeu-me como sucederia a um homem em plena exuberância de vida e atividade, assediado das mais violentas, mas das mais belas e práticas preocupações, que tivesse, por uma singular reverberação de memória, saudades da sua meninice, dos seus soldados de chumbo, dos seus cavalinhos de massa, das suas espadas de pau, dos seus chapéus armados de papel, e a quem, por um estranho prodígio de boa fada de mágica, tudo fôsse entregue tal qual como lhe aparecia na sua saudade, no ponto distante das suas enternecidas recordações...

Chamado de chofre à realidade, nem se chegaria a rir de tudo aquilo que outrora fora o seu grande encanto, e ainda pouco antes havia sido para ele uma saudosa aspiração; uma idealização terna no meio revolto em que a sua vida preocupada o agitava.

O seu senso prático, a sua razão formada, de homem íntegro, havia de envergonhá-lo, por ter uma claudicação da sensibilidade lhe trazido ao espírito a saudade de tanta insignificância banal e pueril.

O mesmo me sucedeu.

O mundo com os seus homens, as suas convenções, a sua intriga, a sua maldade, a sua insignificância, representou para mim, no momento em que nele volvia a ter voz e ação, os soldadinhos de chumbo, os cavalos de pasta e as barretinas de papel.

Tudo reles, tudo mesquinho.

E daqui o meu desinteresse em aproveitar o meio que punhas à minha disposição, e que com tanto prazer aceitei na minha comunicação primeira.

Não te desconsoles por isso. Eu virei muitas vezes, senão para os outros, ao menos para ti.

Para os outros, porém, outros virão.

Temperamentos de apóstolos, de santos, volverão ao mundo, felizes por terem ensejo de trabalhar em benefício de seus irmãos. E' dessa aluvião de abnegações que saem aí os S. Francisco Xavier e os missionários anônimos, que sob a sua esgarçada veste de burel, de pés descalços e calosos, percorrem os sertões ínvios em procura de almas para Deus e de martírios para a carne sua. Aqui também os há; louvores por isso ao Pai.

Almas sensíveis, não vêem no homem o seu semelhante, mas o seu irmão; não vêem nele uma coisa íntegra, una, independente e responsável, que a forma faz parecer consigo; mas um pedaço de si próprios, o filho do mesmo genitor, o ente perfeitamente igual a eles, digno de todo o amor na sua ingratidão; de todo o perdão na sua fragilidade; de todo o amparo na sua fraqueza; de todo o consolo na sua dor.

Esquecem-se de que essa criatura, por quem se desagasalham dando-lhe a sua capa, a aceita, aconchegando-se com ela sem se preocupar com o frio que o seu abnegado doador fica passando. Ignoram que, segundo leis eternas, perfeitas, de justiça absoluta, o sofrimento e a maldade terrena são o esmeril com que as almas grosseiras têm de ser polidas; e que não há na mão do homem preparo algum que possa evitar a ação esmerilhante daqueles lapidários.

E vêm então, armados no bergantim da Santa Utopia, à conquista dos irmãos perdidos nas ondas revoltas da maldade social, ou no mar pestífero da educação egoísta.

Missionários ideais vêm ainda à barbaria da Civilização, onde tudo vai escurecendo pela cerração do utilitarismo material, do egoísmo absorvente e refratário, pregar o perdão e a paz, difundir a luz redentora da doutrina cristã.

Com esses podes tu contar. Deixarão pedaços da sua ilusão e do seu amor no fraguedo dos caminhos que trilharem, mas virão; e guiados pela tua vontade subirão, descalços, de rastos, como puderem, a ladeira íngreme e escarpada da persuasão, para gritarem de sobre ela ao mundo, que os não ouvirá, que é a hora da oração, como os «muezzin» de Maomet fazem de sobre os minaretes das suas mesquitas.

E o mundo não os ouvirá, não.

Mole imensa impelida pela ambição e pelo orgulho, caminhará avante, perdida, concentrada no cálculo utilitário, cega no remirar-se vaidosa de Narciso mitológico; cérebro esbraseado na febre do poder e do gozo, movimentos convulsos, sanvitescos, de epiléptico moral, seguirá de roldão, esmagando alguma alma cândida, que, perdida, nessa monstruosa serpe, como uma pérola no esgoto de um cano, queira parar para ouvir a palavra santa dos Levitas do Senhor.

Não me sinto com vocação para esse apostolado.

Habituei-me a ver o homem e as coisas como são. Não há esforço que os modifique ou que os faça recuar na impetuosidade da torrente.

Ainda meteria ombros à empresa se me pudesse armar de um açoite colossal, como o dos raios de Jove, para colocar-me diante da turba, e fazê-la parar no seu movimento de fluxo, a fim de ouvir a palavra da verdade, estarrecida pelo medo, ou arquejante na sua audácia, comprimida pelo respeito, como uma fera vencida.

Ainda o faria se pudesse, a cada um dos átomos humanos que compõem essa descomunal avalanche inconsciente, dizer-lhe uma frase mordaz, fria, irônica, risível, que, por prodigioso milagre, acordasse no seu instinto de besta, ou na sua sensibilidade de Espírito ergastulado num monturo, a consciência da sua responsabilidade, ou o conhecimento da sua insignificância. Isso tudo a frio, serenamente, como se estivesse a esgrimir um florete em exercício esportivo.

Mas falar ao coração, que é um pedaço de couro curtido por sentimentos maus, ou surdo pela grossa camada de sebo que a atonia da inconsciência ou a flacidez da satisfação sobre ele colocou, tanto não farei eu. Conheci bem o homem aí, e muito melhor daqui o conheço, para que me entregue a essa teia de Penélope, ou queira encher esse tonel das Danaides.

Não perderás com este meu propósito.

Tu não aprecias o riso. Não sabes rir. Tens medo de rir.

És um dos tais que, avergado aí à labuta improfícua de querer endireitar na Terra a sombra da vara torta, ainda depois hás-de vir esfalfar-te em dizer coisas daqui, que ninguém te aceitará, que ninguém te agradecerá, e pelo que receberás como galardão o epíteto de louco ou de impostor.

Impostor!

Foi este epíteto o que deram também ao maior e mais belo Espírito que veio ao mundo; que foi grande se o considerarmos um deus; mas que era maior se o considerássemos um homem!

Ele foi impostor e como tal o homem o matou, e como tal o homem o mataria de novo, se de novo volvesse em carne ao mundo, a pregar a paz e o perdão, e as doçuras da vida futura para aqueles que na vida presente sofressem as amarguras com resignação e amor!

Ele foi impostor; mas a luz do seu Verbo, o calor do seu Amor e o ensino da sua Ação, têm vindo através dos tempos, por sobre precipícios, quebrando obstáculos, no trabalho seguro, maravilhoso, de aperfeiçoar esta vara de suínos de que se compõe a Humanidade que o sacrificou e por quem Ele se sacrificou.

Quando te chamarem impostor, lembra-te d'Ele e passa.

•

Tu, que não sabes rir, sorri-te.

O sorriso é a flor dos tristes, é o consolo dos bons.

Os que riem não sabem fazer nada, os que sorriem conseguem tudo.

E' que o riso é uma manifestação negativa, e o sorriso é uma indicação de superioridade. O que sorri tem a consciência de si; o que se ri desconhece a sua própria inconsciência.

O que ri é um despreocupado, um indiferente, um egoísta.

Árvore sem fruto, animal estéril, infecundo. Aquele que desarruga a testa das suas lucubrações espirituais, ou dilata suavemente os músculos num sorriso quase imperceptível, é como a máquina que parou um instante no seu labor contínuo, a fim de lubrificar os êmbolos para novos trabalhos mais seguros e perfeitos; o cavador que pousa a enxada, para elevar ao céu o seu olhar límpido e aquilino a medir o Sol, a calcular o tempo de que ainda pode dispor para o seu trabalho útil; a mãe que, ao rever-se no rosado bébé do seu amor, bendiz as dores da paridura que lhe deram aquele filho; o santo que louva a Deus por lhe ter dado uma alma simples no meio deste complicado tremedal. Espírito superior, apiada-se da multidão ignorante que o apedreja, como os índios apedrejam o Sol a que não chegam, ou os cães uivam à Lua que não compreendem.

O riso cansa os músculos e deixa como resultado uma sensação dolorosa de fadiga; o sorriso dulcifica a alma, e dilata todo o nosso ser em suavíssima sensação de força e de bem-estar.

Como são infelizes os que não sabem sorrir!

Estas reflexões conduziram-me naturalmente ao estado especial do meu ser psíquico.

Fui levado, pelo pendor natural da minha análise através do teu temperamento de triste, a uma manifestação de fraqueza. Não o nego. E' uma afloração da dor que eu sabia esconder de todos; é um grito angustiado da minha pobre alma escravizada à vontade minha, para se não deixar ver aos profanos e aos maus, que passavam todo o tempo a espreitá-la para se rirem dela ou para a torturarem, e que, depois de cansados inùtilmente sem a verem, concluíram que eu a não tinha.

Tinha-a, tinha-a; e Deus bem a encontrou, torturada, triste, esfarrapadinha, sob as lentejoulas com que eu a cobria às vistas indiscretas.

Ele, o meu, o nosso Pai, bem a viu, coitadinha, tímida, triste, receosa de tudo e de todos, menos d'Ele que a aqueceu e acarinhou. Pèrolazinha no fundo de uma ostra enauseante e apodrecível. E' ela ainda tão tímida, que se tendo deixado ver quase imperceptìvelmente na magoada reflexão sobre o não ter podido sorrir ao Sol, como as flores e as aves, recolheu-se logo, como a sensitiva, receosa de que a multidão a apedrejasse como a coisa desconhecida e temerosa!

Não vês, meu amigo, como a multidão deprecia fatos que constituem soma prodigiosa dos mais acrisolados estudos? Como deprecia as mais sentidas manifestações da afetividade humana? Como despreza as flores e a saúde — as mais belas maravilhas que Deus deu ao homem nesse mundo? Como descrê da alma — a vida da sua vida?

EÇA DE QUEIROZ.

IV

O que serve aos filhos

21 de Dezembro de 1906.

São horas de te ires à vida.

Não quero, entretanto, deixar de te falar, visto que assim é necessário.

Não serei eu que furte a minha voz ao concerto geral que pretende insuflar-te fé, como se te fizesse a operação da transfusão do sangue.

És um fraco. Sentes-te dominado por uma ideia fixa de desfalecimento e de receio que nada justifica.

As tuas coisas materiais, se não correm bem, também não correm mal; e não constituem motivo forte para as sinistras apreensões a que entregas o teu espírito, sempre que nelas pensas.

Creio que essa incerteza, essa fraqueza de que te possuis, são reflexos da tua vida anterior.

O teu Espírito, prestes a deixar definitivamente a Terra, já se não sente armado para as grandes combatividades dela. És um lutador que findou a sua missão.

Sentes-te forte na nova fase de teu ser: — a combatividade espiritual.

Aí não desfaleces; e a pujança da tua vontade e do teu Espírito revela-se dominadora.

Não te aflijas, porém, da tua inapetência para as coisas puramente materiais. Outros olharão por elas; e, se na saída daí não deixares cabedais acumulados para servirem o ócio e o vício de quem os não soube ganhar, não te magoe isso, porque Deus faz tudo pelo melhor.

E' que, se tiveres adquirido muito, muito terás semeado; e é muito mais produtivo para o lavrador que a semente seja convenientemente espalhada na terra, do que fique em monte, onde poderá formar tufos de verdura, mas onde nada produzirá.

Amas muito os teus pequeninos, não é assim?

Ama-os, que bem to merecem; mas se lhes queres deixar uma riqueza inigualável, que nenhuma outra suplantará, educa-os no amor a Deus, no culto ao bem e no hábito do trabalho.

Se ficarem pobres de bens terrenos, ficarão riquíssimos de virtude.

O amor a Deus dar-lhes-á o esplendor da perfeição; o culto do bem dar-lhes-á a felicidade máxima, que se poderá gozar na Terra; e o hábito do trabalho dar-lhes-á o pão nosso de cada dia, que mais não é preciso, para quem busque a supremacia do espírito.

Aqueles três princípios devem constituir, desenvolvidos por ti nos pequeninos cérebros das tuas gentis crianças, a base de toda a riqueza que lhes deves apetecer.

A outra, a do dinheiro, raro deixa de transformar o seu possuidor em criatura ociosa, avara, mesquinha, perdulária ou egoísta. Raramente deixa de desequilibrar o cérebro e o coração humano a ponto de o fazer consumir, indiferentemente, numa futilidade desprezível, o que constituiria a felicidade de muitos desgraçados.

O amor a Deus, o culto do bem e o hábito do trabalho fazem a pessoa honesta e santa, compassiva e resignada, boa e humilde; enquanto a riqueza argentária deixa muitas vezes, quase sempre, fundos rastos sangrentos de perversão e maldade nos seus favorecidos.

E' necessário que o favorecido da fortuna dinheirosa seja fundamentalmente honesto e santo, para resistir proficuamente às tentações demoníacas do brilho do ouro, e de todas as depravações que ele libèrrimamente faculta; enquanto que, aos que professam aqueles três sentimentos, é necessário que sejam fundamente maus para se afastarem do caminho do dever para com Deus e para com os homens; e para que se deixem tentar pelo canto da Sereia da maldade e da inveja.

Ensina-os a serem crentes, humildes, honestos, bons

e trabalhadores, pacíficos e resignados, e, ao deixá-los nesse mundo, órfãos do teu amor, poderás trazer a tua consciência tranquila, na certeza de lhes teres legado riqueza maior do que se lhes deixares todas as minas de diamantes do Transvaal.

Tu nasceste pobre, e ainda te não faltou o pão, e bem sabes que possuis riqueza que nenhuma outra iguala na vida terrena.

Lembra-te que a causa próxima ou remota de todo sofrimento na Terra é o dinheiro.

Desune a amizade mais estreita; aniquila o amor mais entranhado; perverte a alma mais bem formada; destrói a reputação mais honesta; derruba o crédito mais firme; desonra a mulher mais pura; enegrece a neve mais alva; mancha a consciência mais branca; tortura o espírito mais generoso; envenena as intenções mais santas, e faz renegar as crenças mais convictas. Pelo dinheiro se despreza pai e mãe; pelo dinheiro se renega Deus. Pelo dinheiro se matam irmãos, pelo dinheiro se perde a mulher e as filhas.

Quem é mais rico, é quem está armado com todo o dinheiro, ou quem despreza o dinheiro todo?

Quem ama o dinheiro é escravo dele; quem o despreza é seu senhor. O dinheiro raro evita um remorso, e quase sempre é manancial inesgotável deles.

Não apeteças dinheiro aos filhos diletos da tua alma; apetece-lhes bondade e simplicidade.

Ensina-os na conquista desta riqueza; mostra-lhes a mina onde trabalhas, e deixá-los-ás ricos.

A tua razão reconhece a justeza absoluta do que te deixo dito; o teu coração, porém, ainda hesita.

E' que a tua razão é o «quantum» da experiência do teu Espírito, e o teu coração é um músculo carnoso, oriundo da terra e que à terra volverá com as suas virtudes e os seus defeitos. Educa-o também, corrige-o. Afina-o pela tua razão e conseguirás ser quase perfeito.

Cultiva o que ele tem de bom, expurga-o do que ele tem de mau.

Ele pode não te perder já, mas pode perder aqueles

que amas e que são para ti mais do que a tua própria vida, porque são a vida da tua alma.

Educa-te e educa-os. Serás justo e eles serão ricos, da riqueza que perdurará, e que eles levarão consigo, a despeito da morte, que os acompanhará em manifestações luminosíssimas do mais santo esplendor através dos mundos e através das eras. Será com essa riqueza que eles se encontrarão ao passar a aduana de que te falei; e podem sair daí rotinhos, descalços, famintos, que serão aqui recebidos pelos «piou-piou» da guarda fiscal celeste com mais respeito, com mais acatamento e amor, do que os príncipes e os grandes aí pelos galuchos da sua congênere terrena.

Queres-los grandes? Ensina-os a serem pequeninos. Se os ensinares a quererem-se grandes, vê-los-ás, aflito, reduzidos a pigmeus, insignificantes pedaços de maldade que rolarão nas trevas, batidos pelo sofrimento, como pequenos seixos rolarão na praia batidos pelas ondas.

EÇA DE QUEIROZ.

V

O Natal do Cristo

25 de Dezembro de 1906

Quase vinte séculos passaram já aquém do nascimento do mais poderoso revolucionário do mundo.

Humilde, simples e bom, ele proclamou a igualdade.

Proclamou-a e exemplificou-a.

Naquele débil corpo nazareno, amado pelas mulheres e pelas crianças, adorado pelos velhos e pelos miseráveis, encarnou o maior Espírito que tem vindo ao mundo. Outros antes dele e depois dele vieram, que ensinaram moral e pregaram doutrina santa; mas nenhum conseguiu falar tão cariciosamente à razão e à alma humana, como aquele.

A sua palavra é e será sempre a palavra da verdade.

A luz que dela emergiu tem vindo, pouco a pouco, rompendo a treva da ignorância e da maldade.

Aqueles que pretendem negar a grandeza, a divindade da sua ação, esquecem que é a ele e só a ele que devem o direito de poderem malsiná-lo.

Porém, ninguém, por mais sábio, por mais enciclopédico, por maior que seja ou se suponha, se lhe igualará no mais insignificante ato.

A mais bela moral, a mais sã filosofia, a mais douta justiça, que os homens têm inventado em séculos de lucubrações e conquistas, são pálido arremedo daquelas que aquele maravilhoso cérebro transmitiu aos seus companheiros descalços e humildes, e que eles legaram piedosamente à eternidade.

Tudo no mundo é finito; só a palavra de Jesus será eterna, porque resistirá a tudo, como a verdade.

Quando a Terra haja cumprido a sua missão e passe à classe das coisas inúteis e reformadas, a doutrina do Mestre divino persistirá, porque estará frutificando por esses milhões de terras além, que aí se vêem flutuar no espaço, como luminosas facetas de diamantes, dependuradas no azul.

Companheira inseparável do espírito humano, acompanhá-lo-á nessa infinita trajetória através da eternidade, embora os pigmeus liliputianos, que constituem alguns dos sábios da Terra, se esfalfem a negar-lhe a grandeza, como os selvagens se esfalfam a insultar a Lua.

Estas microscópicas nulidades, a quem a verdade incomoda, julgam eliminá-la com a sua negação. Mas ela, a verdade, filha do Cristo e amada dele, há-de ficar, eterna, límpida, luminosa, pulcra, enquanto deles não ficará lembrança na memória do homem.

Os corpos deles — deuses miserandos e fétidos, ante os quais muitos se curvam e prostram, no gozo epicurístico de adorações baratas — hão-de desaparecer na lama, na corrupção, nos vermes; transformar-se em átomos que irão congregar-se no futuro corpo ingrato de um felino, ou no filosófico corpo de um asno paciente e lanzudo; enquanto a doutrina, que eles amesquinham, passará tranquila, luminosa, universal, por sobre os tempos e pelos espaços fora.

Deles e das suas filosofias não restará fragmento; e enquanto houver no Universo memória de homem haverá sempre uma recordação amorosa e suavíssima do dia do nascimento, na Terra, de Jesus, o Mestre, o maior de todos.

EÇA DE QUEIROZ.

VI

A triste peta do Ano Novo

31 de Dezembro de 1906 (à meia-noite).

Está a exalar o último alento o ano de 1906.

Daqui a horas terá entrado, no largo colapso da História, o ano que me aproximou de ti. Para mim constituiu isso nele uma boa recordação, e motivo para lhe perdoar de bom grado quanto de mau e de idiota ele semeou pela Terra.

Que, afinal, para mim é inteiramente indiferente que ele ou outros, no seu lento perpassar, deixem cair das dobras do velho manto do tempo a flor rubra do mal ou a cândida açucena do bem. No meu velho tonel de cínico tem igualmente aceitação o Sol que aquece, como a sombra que refresca. Ambas as coisas são excelentes, conforme o momento em que as apetecemos. Não chegarei nunca a distinguir o bem do mal senão na problemática intenção de quem os pratica.

E' inegável que o Sol não deixa de ser um bem no mundo, mas não deixa de ser uma refulgente verdade, que quem o aguente a pé firme, à torreira, por horas sucessivas, maldirá esse bem, para bendizer o frio dos brumosos dias de Dezembro.

Tive na vida muitas e demoradas ocasiões de ver quanto é relativo todo fato subjetivo. Não há melhor laboratório de estudo que a nossa própria vida. Olhando para ela como para um poço escancarado, vamos encontrar-lhe exemplos da vida de toda a gente, diferenciando-se tão sòmente na coloração ou na intensidade.

Fato que para um afetivo constitui dor sem limites,

afogado em lágrimas e esmaltado de exclamações doloridas, como uma fatia de paio esmaltada de ervilhas verdes de conserveiro, para um fleumático equivale a ligeiro acidente, sòmente digno de reparo, porque veio quebrar a monotonia da sua vida, com um aspecto eventual e novo.

Ora, o fato é o mesmo; o modo de apreciá-lo é que é diverso.

Assim o bem e o mal, para cada pessoa a quem eles vêm, têm o aspecto com que cada qual os encara.

Habituei-me a pensar assim.

Talvez que por isso mesmo não conheça as grandes intensidades na dor ou na felicidade.

Organização temperada, uma espécie de Nice humana, entre o clima tórrido do entusiasmo e o glacial da indiferença — sem contrastes mas sem desequilíbrios.

Não desgrenhava a gaforina, nem avermelhava os olhos em manifestações convulsivas de dor brava, mas também não escancarava a boca, nem comprimia o ventre nas ruidosas convulsões de um riso epiléptico. Fiquei-me no meio termo; naquilo em que reside a virtude dos latinos.

Assim a serenidade raramente me abandonava ou abandona.

Neste belo estado de alma, em que chego a perguntar a mim próprio se o ilustre frei João Sem Cuidados da anedota entroncaria em algum dos rebentos da minha árvore genealógica, deves compreender, à maravilha, a indiferença com que, nesse mundo, me deitava à noite em uma fase convencional do tempo e me levantava em outra.

O dia de hoje será sensìvelmente igual ao de amanhã, como o foi ao de ontem. Só se distinguem, não pelo que se passa neles, mas pelo que se passa no âmbito em que nós gravitamos.

Em todos os dias termina um ano, e em todos os dias começa um ano novo. Para que em nossa vida se operem modificações, para que saibamos apreciar os fatos, lutar, rir, amar, sofrer, não necessitamos nada do calendário gregoriano.

Não é pelo nascimento de Cristo, nem pelas referências da Hégira, que apreciaremos as fases evolutivas da ideia no nosso cérebro, nem do sentimento no nosso coação.

Podia deixar de haver a folhinha do Borda d'Água, que nem por isso deixava de haver homens que se quisessem mal; mulheres que se invejassem; usurários que esfolassem o próximo, e próximo que iludisse o seu semelhante; como não deixaria de chover, de fazer sol, de haver cogumelos, e de nascerem asnos e tolos, por esse vasto mundo de singularidades e de contrastes berrantes como o fato de uma cigana.

Compreendo, entretanto, muito bem, que em nossa vida derreada através do tempo se asssinale com uma referência frisante em nossa memória o dia em que Deus nos deu um filho, que constituirá a preocupação dominante da existência; ou com o acerado cravejamento de um espinho em nosso coração aquele outro dia em que esse filho, quebrando confrangedoramente o sonho do nosso amor, se deixa aniquilar aí pela morte; mas para essas coisas e outras idênticas não se inventou o dia 31 de Dezembro nem o dia 1º de Janeiro..

Para rememorar com saudade o nosso primeiro amor, a nossa primeira esperança; ou para evocar, com dolorida mágoa, o nosso maior desgosto; a perda da nossa mais fagueira ilusão, a traição primeira da nossa mais bela amante ou do nosso mais dileto amigo, não cuidamos de fixar o dia a que estamos na semana, nem a que distância do final do ano.

Quando a data entra na referência, é como um sinal, um incidente; coisa mínima, como um pedaço de ferro que ergastule um diamante, ou pingo de sebo que manche um vestido cetinoso e branco de noiva.

Há pessoas que no uso e abuso das exterioridades de que a hipocrisia se mascara, se entretêm a moer aí alguém com boas-festas e apetecimentos de anos de ventura no primeiro dia do ano, e se esfalfam, durante todo esse ano, a penitenciarem-se do seu desejo, inventando tudo quanto seja possível para torturar e dilacerar a vida a esse alguém.

Para te desejar venturas não necessito de esperar que o calendário me diga, na sua mutação fútil e fria, o dia em que tas devo desejar. Desejo-tas quando te queira bem; e isto de querer bem não se dá com o metro, com o quilo, nem com a folhinha.

Não é coisa que se venda nem que se regulamente ou escriture.

Esperar dias para rir ou para chorar; esperar épocas para endossar afetos ou desejar felicidades, será muito metódico, muito comercial, mas é muito pífio e muito reles.

E' possivel que se abone com o hábito, como a ignorância pode abonar-se com a rotina; mas foi isso que eu procurei escavacar quando por aí andei e sentia os meus movimentos peados como um fogoso poldro na lezíria a que prendessem os pés para não saltar; e não estranhes que ainda daqui, onde essas velharias não têm o valor de um maravedi manuelino, eu despeje a minha aljava em crivar de setas os ridículos e as pretensões idiotas da civilização humana.

31 de Dezembro, 1 de Janeiro!

Boas-festas!...

Ora os patetas!...

EÇA DE QUEIROZ.

VII

Uma lição eterna

6 de Janeiro de 1907.

Dia de Reis!

Quer a tradição cristã que no dia de hoje se recorde o fato passado há dois mil anos, em que os magos reis, idos das longínquas regiões, se acercaram do pobríssimo estábulo onde estava a sacra família, para render graças ao Deus nascido havia dias.

E' esta a festa da solidariedade cristã. Esta bela e divina religião, que os homens cristãos não conseguiram ainda escangalhar, muito apesar dos mais gigantescos esforços que quase desde as suas primeiras eras vêm empregando para isso, contém em si todas as manifestações do sentimento humano.

Analise-se o Evangelho e ver-se-á.

Os padres, desde Santo Agostinho até o mais boçal cura de qualquer aldeia da serra do Marão, têm-no estudado sob o ponto de vista espiritual.

Não há palavra, não há versículo, não há parábola, que não tenha sido longamente discutida, interpretada e explicada sob aquele aspecto; e dar-se-ia a perros o teólogo moderno, que pretendesse encontrar fórmula nova de interpretar ortodoxamente qualquer passagem da bíblia cristã.

O que falta é estudá-lo sob o ponto de vista social moderno. A religião, ou melhor direi, a ação do Cristo, é o maior monumento que a Humanidade apresenta.

Em si contém reunidas todas as belezas, todas as verdades, que correm dispersas, em detalhes, como luminosas estrelas perdidas, pelas obras de todos os homens de que a posteridade legou memória. Tem mais poesia, mais grandeza, mais filosofia, que todas as restantes tragédias humanas, e, sob o ponto de vista sociológico moderno, mais liberdade, mais solidariedade, mais igualdade, de que toda a ação reunida dos enciclopedistas, dos repúblicos, dos socialistas, de todos os tempos.

Na sua ação e na sua obra ele colocava cada qual no seu lugar; e não há liberdade nem igualdade possível sem que cada um tenha lugar próprio, onde esteja à vontade, sem incomodar o seu vizinho.

Em uma família, como em uma sociedade, em que cada um se limite à zona que lhe pertence, ter-se-á atingido o grau supremo da liberdade individual.

Quando a esta luz se queira estudar a obra imortal de Jesus Nazareno, será um deslumbramento, porque se compreenderá que é ela o código por excelência de toda a moralidade una e perfeita, de toda a liberdade e de toda a solidariedade.

Na sua simplicidade, a festa dos Reis, representando uma verdade histórica ou uma ficção religiosa, traduz, à maravilha, a solidariedade e a igualdade humanas.

Em um estábulo humílimo, sobre palhas simples, dormia o pequenino ser que vinha transformar o mundo; e em sua volta quer a tradição que se reunissem os pastores, os pegureiros, os sem lar, os mendigos, os expatriados, na promiscuidade de uma estalagem aldeã em dia de romaria, e junto a esses os reis do Oriente, que vindos das regiões distantes, se igualitavam, na adoração, à turba anônima e quiçá faminta, dos sem terra e sem lar.

Eram os grandes da Terra baixando ao nada; eram os do nada subindo aos do fastígio social, para se confundirem, se irmanarem, num sentimento só, numa só aspiração, numa manifestação coletiva e singuar: — a adoração àquela rosada criancinha que traduzia para eles a esperança única, suprema, divina, da liberdade, da fraternidade, da salvação.

Ali, igualavam-se todos na mesma humildade e na mesma fé; os andrajos roçavam pela púrpura, esquecidos da sua origem e da sua condição, para, momentâneamente, se identificarem no mesmo fim. Exemplo único, exemplo tocante, da igualdade. Quem viu jamais outro igual?

Aí na Terra, onde todos se conhecem como em uma vasta aldeia, cite alguém um igualitário de qualquer denominação, que envergando um fato limpo não receie maculá-lo ao contacto com o de um mendigo; que não hesite em estender a sua mão enluvada e patrícia a um bodegueiro ou a um limpa-chaminés. E são iguais, e são irmãos. Uma aura de fortuna, um desvairamento da sorte pode mutuar as situações, e o igualitário do esterquilínio elevado ao fastígio da limpeza, enojar-se-á do convívio do igualitário da «haute gomme» precipitado no recheio da porcaria.

Eu, que vivi e observei no foco irradiante da moderna concepção das reivindicações sociais, testemunho «de visu», que os mais preclaros apóstolos da igualdade não gostavam da multidão, porque lhes cheirava a gente; não se aproximavam dos miseráveis, porque receavam o seu contacto, que lhes sujava o brilho do fato e lhes transmitia o micróbio patogênico de várias doenças infecciosas, e confessavam, desdenhosamente, o seu asco pela porcaria revoltante do «Senhor-Povo», a quem enalteciam e lisonjeavam nas frases campanudas dos seus discursos, ou dos seus escritos demagógicos e igualitários.

A promiscuidade simples daqueles que rodeavam o primeiro leito do Salvador, só na continuação do exemplo messiânico se reproduz.

Só a doutrina do Mestre faz que os Reis e os grandes da Terra dispam as suas armaduras, se despojem dos seus arminhos e das suas riquezas e enverguem os buréis, calcem as sandálias, e venham curar os leprosos e os pestíferos, visitar as tocas onde agoniza a besta humana, na sua mais caracterizada degenerescência e miséria.

Só ela leva os ricos a privarem-se da riqueza e do conforto, para, por solidariedade ou caridade, espalharem o seu ouro, que vai cair como bálsamo nas chagas dos verdadeiramente necessitados.

Só ela leva os felizes a lavarem os pés aos mendigos, como levou o Mestre a lavá-los aos discípulos, e só ela faz com que cada um se conserve no seu lugar, como caracol na sua casca, sem se invejarem nem deprimirem, nivelando-se todos na mesma aspiração, e separando todos na sua forma individual e independente de a conseguirem.

O dia do nascimento de Jesus foi o seu primeiro ato de humildade; o da adoração dos reis e dos zagais, foi o seu primeiro ato de igualdade e de fraternidade.

Ele, desde que veio ao mundo, começou a ser o foco emergente de toda a luz, concêntrico de toda a solidariedade, irradiante de todo o bem. Descomunal figura, que, quanto mais se vê, mais descomunal aparece!

E andam os pigmeus a querer derruí-la!

Quem viu jamais danificar-se um monólito, pela ação do canito que se lhe acerca, ergue a perna e... passa?

EÇA DE QUEIROZ.

•

VIII

O direito de duvidar

30 de Janeiro de 1907.

Meu caro Fernando.

Com pouco te preocupas.

Bastou que alguém te pusesse em dúvida a existência real da minha individualidade, para que te sentisses fraquejar.

Que te deve importar a opinião dos outros, quando ela é destituída de base séria que lhe mantenha o peso?

Que te importa o que os outros pensam?

Cada um pensa como quer, como sabe, como lhe deixam ou como lhe convém.

Nunca tive a pretensão de estabelecer regras ao pensamento humano, que é a coisa mais livre do Universo.

Esse «quid» misterioso, que os lunáticos já quiseram classificar de segregação cerebral, é a maior força, a energia mais veloz, a luz mais intensa que Deus pôs no Universo.

Elabora-se instantâneamente no cérebro, instantâneamente pode percorrer o espaço infinito, sem barreiras, sem entraves, sem liames; estabelecendo ligações, afinidades, correspondências, solidariedade; apreciando, criticando, amando, detestando; escapando-se aos esbirros, aos inquisidores de todas as épocas, de todas as religiões, de todas as ciências, de todas as seitas, de todas as maldades, de todas as ignorâncias, de todas as críticas, como a luz do Sol escapa ao seu enclausuramento em um receptáculo opaco, hermèticamente fechado.

Se nem Deus lhe põe obstáculos, como lhos havíamos de criar nós?

Pensam que não sou Eça?

Eça ou não, sou quem como tal tem escrito o que como de Eça possuis.

Se não sou Eça, quem sou?

Perdes fàcilmente a serenidade, amigo!

Pois queres discussão e não queres ser discutido?

Pois queres vir lançar um repto à velha sociedade, à velha ciência, ao ateísmo, à ignorância, à pretensão, e não queres que te discutam?

Pois queres entrar de chofre no mundo com cartas, tuas ou de outrem, de uma singular contextura, revelando bem estranhas e singulares formas de pensar e de dizer, e não queres que esses que vais despertar da sua sonolência e atacar no seu conservantismo ou na sua filáucia te respondam com dúvidas, com repelões, com vaias ou com insultos?

Conheces algum inovador, pacífico instrumento da revolução científica, ou revolucionário pioneiro do progresso humano, que não tenha passado, ante os seus coevos, por louco, visionário mistificador ou charlatão?

Que encontras em ti que te fizesse esperar sair da regra geral?

És um ingênuo!

Se assim fôsse, ou se assim for, a tua, a nossa obra, redundará em pura perda, em extraordinário fracasso.

O sucesso será a discussão; será o ataque, a troça, o insulto, a perseguição.

O sucesso será agitar a opinião em volta do assunto; será levar o espanto ante aqueles que, de boa ou má fé, negarem a hipótese, para os compelir à busca de uma explicação para o fato insólito.

Todo trabalho que tente transformar os velhos preconceitos, modificar as velhas fórmulas, reformar obsoletas doutrinas, radicar progressivas ideias, destruir anacrônicas hierarquias, renovar e impulsionar as estáticas ciências consagradas, tem sido repelido e monteado.

Se não fôsse a perseguição, que seria da religião cristã? Se não fôsse a intolerância, que seria a ciência moderna? Se não fôsse o insulto, a zombaria, que seria atualmente o Espiritismo?

Conheces alguma ideia notável, algum grande fato progressivo da Humanidade, que não tenha tido esse batismo?

Sabes de algum homem que tenha excedido a craveira normal da vulgaridade humana, que não tenha sido apodado de visionário, de louco, de sonhador?

E quem tem feito evolucionar o mundo, arrancando-o ao conservantismo pé de boi, sisudo, ajuizado, metódico e egoísta, senão essas belas criaturas incompreendidas, apodadas, escarnecidas; providenciais guardas avançadas do progresso, vanguarda luminosa do sentimento, do engenho, da arte e da perfeição?

Ora tu, que não tens pretensões, que te não supões medroso de coisa alguma, que és o primeiro, numa grande manifestação de inusitada honestidade, a enjeitares a paternidade do que escreves, bom ou mau, acertado ou incongruente, porque te admiras e molestas de que os sábios ou os ignorantes, os letrados ou os iletrados, os consagrados ou os anônimos, do liliputiano meio em que te encontras, te critiquem e te alcunhem?

Não sejas criança, que tens brancas na cara!

Ninguém te pode acusar de plagiário, nem de defraudar, porque o que escreves é original.

Dizem que é teu?

Pouco apreço manifestarás por nós e pelos escritos, se te ofenderes por isso.

Ou o que apresentas é digno de nós ou não.

Se é, deves envaidecer-te de te emparceirarem com alguns dos melhores nomes de algumas gerações literárias; se não é, é justo que te zurzam por vires à feira com mercadoria de baixa qualidade, querendo etiquetá-la com rótulos das marcas mais acreditadas (exceção à minha, como é do estilo dizer-se).

Estás convencido de que é nosso ou de quem se nos equivalha?

Deixa que os outros pensem como quiserem.

Terás que fazer de D. Quixote, se te propões a desfazer os agravos e as sem-razões que a teu e a nosso respeito terás que sofrer.

Qual foi de nós que aí, na Terra, passou incólume das mordedelas dos zoilos e dos zangãos?

Nenhum, creio eu.

Se tens a epiderme assim sensível, não vás mais além. Desiste.

Dos fracos e dos tímidos não reza a História.

Chama-te alguém doido?

Quem te impede de lho chamares também?

Ri-se alguém de ti?

Porque te não ris dele?

O direito é igual; a autoridade é que é diversa; e creio que em tua consciência não haverá dúvidas sobre quem possua essa autoridade, nascida do estudo, nascida dos fatos, nascida da própria Ciência, quer no campo especulativo, quer no campo experimental.

Nem todos trabalham para o dia em que trabalham.

Se és da massa anódina e insossa dos acomodatícios ou dos medrosos, desiste. Desiste, ou não dês ouvidos.

Se te não sentes com envergadura para a luta, pára, que ainda estás a tempo.

Agora se te sentes bastante provido de paciência, de fé, de constância, de coragem e de vontade, avança, sem olhares para a retaguarda nem para os lados, sem atenderes, sem ouvires, sem curares; porque, se ao chegares ao fim, tiveres cépticos, maldizentes e trocistas no teu rasto, também terás dedicações e ternuras, como não haverá maiores, mais sinceras, mais desinteressadas nem mais belas aí e aqui.

E demais, meu amigo, «rira bien»...

Medita no que deixo dito.

Recorda-te de que a paciência é a mais poderosa força para conseguir, e a tolerância a maior autoridade para conservar.

Como ainda és sensível à vaidade!

Como, apesar do grau do Espírito que te anima a carcaça miseranda, ainda pertences à Terra, à Terra da banalidade, da convenção, da vaidade, do melindre, do formalismo!

A terra há-de ser sempre a terra!

Junte-se à terra mais limpa o líquido mais precioso e só fará lama que suja e apodrece!

EÇA DE QUEIROZ.

IX

Que é o Bem? que é o Mal?

7 de Fevereiro de 1907.

Eu podia, sem grande esforço, cantar ditirambos ao mal.

Não merece a pena, visto que o mal não existe. E' uma «nuance» do bem; «nuance» necessária, corolário indispensável.

Ambos se completam e fundem na mesma obra perfeita e indivisível da Natureza.

Nunca podemos saber quando um bem é um mal, ou quando um mal é um bem.

À nossa compreensão egoísta afigura-se que só é bem o que nos agrada e consola; e tudo que contribui para que a vida nos decorra plàcidamente constitui esse bem; como supomos mal tudo que tenda a fatigar-nos e a dolorir-nos a existência.

Entretanto, todos os grandes Espíritos, luminosos guias no Universo, proclamam que o maior bem é a dor!

Ora, quem há que goze esse bem, que o não maldiga?

Se a dor no mundo é um bem, o bem-estar deve ser um mal.

Deve ser!

Apesar, porém, de dever ser assim, creio que quase toda a gente só chamará bem a tudo que lhe prodigalize conforto moral ou espiritual.

E' na tépida calma desse conforto que se faz òtimamente o quilo, sem preocupações nem contrariedades. Só nessa branda atmosfera de egoísmo, os discípulos amados de Epicuro reconhecerão que o bem na Terra não é uma palavra vã.

Admirar-se-ão de que haja sofrimento, como uma «cocotte», atufada em peles caras e em peliças raríssimas, se admirará que a irmã honesta regele com frio, tiritando, esfarrapada, por sobre a neve dos caminhos, em noite de Janeiro.

Pois por aqui, por onde agora ando, ouço dizer aos Mestres de alvas vestes que o verdadeiro bem está mais próximo das carnes empedernidas pelo frio, do que das flácidas e rosadas carnaduras, amolentadas pelo calor artificial dos abafos desonestos.

Os que vivem na placidez do conforto só vivem para si; só adoram a sua individualidade, para que apetecem requintes sensuais de gozo, voluptuosas sensações de bem-estar. Esquecem tudo; olvidam todos; e não pensam senão no que de ótimo se possa inventar, para subsistir o seu bem.

Os outros, míseros viventes vergastados pela adversidade, pensam, invariàvelmente, mais nos seus companheiros infortunados do que em si próprios.

E' para esses que se inventou o espiritual liame da solidariedade.

E' na miséria e na dor que se dá bem a rubra flor solidária e a roxa orquídea da abnegação.

Quem milagrosamente sair do báratro do sofrimento, renegará logo toda a confraternidade com os imbecis, que continuem gemendo sob o fardo pesadíssimo da amargura, na sua peregrinação pela viela tortuosa e íngreme da vida.

Nada quererá com eles e procurará, afadigosamente, afastar tudo que lhe possa lembrar os momentos angustiosos, em que se sentia preso à cadeia da solidariedade na miséria, como um forçado à calceta galeriana.

E onde está o bem? Onde está a felicidade?

No bem-estar — dirão todos: — os que gozam, revoluteando-se, voluptuosamente, nele, como a mão descarnada de um avarento se revoluteia no ouro amontoado nas suas burras; e os que o apetecem, como crianças famintas à porta de um restaurante caro apetecem manjares a que não podem chegar.

Que será o bem-estar?

O bem-estar é o sossego na vida, dirão.

E' o descanso. O descanso, porém, é a paragem; é o estacionamento.

Pela natural tendência que toda gente tem à inércia, pode apetecer-se o descanso, como sonhado «terminus» de todas as aspirações materiais e espirituais; mas o descanso em um meio natural em que tudo é ação, evolução e revolução, constitui o pior dos retrocessos.

Na Natureza, desde o átomo e da molécula às estrelas, tudo gira, tudo embate, em luta violenta, ciclópica, incessante.

Tudo se agrega e desagrega miríades de vezes; tudo se choca, tudo se funde, tudo se atrai, tudo se repele, tudo avança, tudo se modifica, tudo se destrói, tudo se reconstrói, numa grande ânsia insaciável e insuperável de aperfeiçoamento e de progresso.

Deus quando fêz o Universo, deve ter dito a tudo: — Caminha; e tudo, «ab initio» e «ab æterno», procura caminhar no frêmito entusiasta de chegar primeiro.

O homem faz, por vezes, movimentos de recuo. Faz, não: supõe fazer.

Quer, pela quietude e pelo egoísmo, parar no meio do movimento acelerado do Universo.

O homem na sua acepção coletiva e genérica, ou o homem na sua acepção individual e isolada.

Então, o Criador flagela-o nos flancos com o açoite da dor, e o animal avança, aos saltos, doido, nervoso, blasfemo, aterrador.

O açoite é a guerra, as revoluções, os cataclismos, as pestes e outros flagelos, que vêm, como outras tantas advertências, demonstrar a inanidade, a impotência e a absoluta carência de valor e de poder do mísero bicho humano.

Isto quanto às coletividades; porque, quanto às individualidades — Ele desperta-as menos ruidosamente, mas não menos dolorosamente. E ai daqueles a quem a molície da comodidade e da fortuna acalentou permanentemente nessa vida!

Ai dos que não conhecem a lágrima própria, nem enxugaram a alheia; dos que não viram o manto negro da dor sobre o seu corpo mimoso, nem o afastaram do pustuloso corpo estranho; dos que não sentiram roçar pelas carnes cetinosas a asa agourenta do sofrimento, nem a enxotaram das carnes verminadas do seu semelhante miserável! Ai deles, porque esses pararam na via eterna da Perfeição! Pararam, como criaturas moles, como estafermos cansados ou preguiçosos, enclausurados no culto fetichista da sua própria individualidade, como um rato sórdido num queijo mal guardado em despensa desleixada.

A esses hão-de vir buscá-los e acicatá-los, como a burros manhosos das récuas cintroas; e então conhecerão quanto custa o galope necessário para retomarem os seus lugares na caravana; e saberão assim quanto de mau existiu no bem-estar em que se refocilaram e quanto de bem existirá no mal-estar que lhes proporcionará o avanço indispensável à conquista dos seus postos no turbilhão universal.

Pode não ser aí, mas será aqui; e se não for aqui será aí, ou além, por esse além fora, na vastidão infinita do espaço, dos mundos, da treva ou da luz eterna.

Quem sabe quantos dos avergados hoje à dor, presos à grilheta ignominiosa do desaire, da vergonha e do desprezo, foram dos retardatários, dos egoístas, dos malévolos de outrora! Quantos a fatalidade inexorável da justiça eterna suplicia hoje das cruezas ou das manifestações de ferocidade e de egoísmo de ontem?

E assim, onde estará o bem: — no bem que supuseram desfrutar, que lhes trouxe, como consequência necessária de correção, o mal de que sofrem agora; ou nesse mal que lhes dará incontestada primazia na colossal galeria das personalidades boas, se tiverem a firmeza de caráter, a rijeza de ânimo, a inquebrantabilidade de paciência necessárias, para resistirem de pé, serenos e conformados, à tempestade purificadora?

Tudo na vida é assim. Só as grandes tempestades

purificam e limpam bem a atmosfera; só as grandes reações químicas decompõem os corpos; só as grandes calorias depuram os metais; só as grandes dores formam os caracteres e evidenciam as almas nobres e puras.

O diamante, se tivesse vida e pudesse, fugiria ao sacrifício da lapidação. Nisso estaria o seu bem, pelo seu sossego.

Entretanto continuaria a ser pouco mais do que um seixo vulgar de ribeira areenta; enquanto que, depois da lapidação dolorosa, passa a ser um pedaço de luz materializada, como que um fragmento de estrela, de preço inestimável.

Qual era o bem? Qual era o mal?

Ora aqui fica uma incógnita de que eu gostava de conhecer a definição, dada pelos sábios da Terra, onde também tive pretensões de saber alguma coisa!...

EÇA DE QUEIROZ.

•

X

Vontade própria; opinião alheia

26 de Fevereiro de 1907.

Da psicologia de toda a literatura romântica que leste, há um fato que se gravou fundamente na tua observação, e que amiúde contas: — é aquele da velha fidalga do «Romance de um rapaz pobre», de Octave Feuillet, que idealizava cada dia uma ogiva ou uma cornija nova, um novo altar ou um novo ornato para a sua catedral, que arquitetava «in mente», para quando recebesse a herança de Espanha.

Não sei bem se o singular liame que prendeu essa observação à tua memória, é o mesmo que te prende a vontade ao exemplo sugestivo, sem o pormenor da herança espanhola.

Há muito que falas no teu livro! A propósito de todas as discussões falas nele. Pensas todo o dia, e todos os dias, em um argumento novo para o teu prólogo, espécie de personagem dos velhos autos, que venha apresentar-te ao respeitável público, envolto no teu roupão de modéstia e entronado no teu pedestal de ignorância e involuntariedade. A todo o momento fazes um cálculo novo, um novo projeto, que no momento seguinte adias ou modificas; e o livro vai ficando por publicar, na tranquila quietude das coisas desleixadas e relegadas ao portuguesíssimo amanhã, da proverbial indolência lusitana! E admiras-te de que nós passemos dias sem te dar manifestação alguma da nossa atividade! Para quê, se tu não as aproveitas?

À boa parte tomes esta minha advertência. E' ela,

talvez, mais uma justificação do nosso pretendido abandono, do que uma censura a quem tão pouco tempo sobeja, para que a mereça, por não fazer tanto quanto desejamos e apetecemos.

E' natural que aqueles que vêem tudo superficialmente, ao lerem os nossos escritos, nomeadamente os meus, lhe estranhem um pouco a filosofia e a falta de descritivo.

Na filosofia não há modificação.

Existe na de agora, como na de outrora, a mesma amargura e a mesma observação. A diferença consiste em que eu, aí, via as coisas sob o aspecto limitadíssimo que a minha retina moral abrangia; e, agora, vejo-as de mais alto; a vista é mais firme e a observação mais funda.

Vejo as coisas no seu conjunto; penetro mais conscientemente as causas, e não me prendo com exigências de convencionalismo, de agrado, nem com circunstâncias de detalhe, que foram a preocupação, quase exclusiva, de toda a minha obra. Esta despreocupação traz consigo, naturalmente, consequentemente, a falta do descritivo típico, a exiguidade da minudência.

Não podiam coexistir com a grandeza do assunto.

As coisas vistas de longe oferecem um aspecto grandioso e único.

Não têm o rococó do acabamento, mas a grandiosidade do conjunto.

Quem, de sobre o cume de uma serra, ao deixar perder a vista no horizonte, se preocupa a descrever os regatos da paisagem, as anfractuosidades das penedias, a coloração dos tons de cada veiga, as sombras de cada árvore, o esbatido de cada colina, as frutas de cada horta, as plantas de cada seara, as quebradas de cada monte, os carreiros de cada terra, as flores de cada prado, as giestas de cada combro, as alpondras de cada ribeiro, os efeitos da luz de cada quebrada, o pitoresco de cada casal, a topografia de cada aldeia?

Quem? Ninguém, por mais mesquinha que possa ser a sua observação, por mais meticulosa que seja a sua análise e por mais fragmentável que a sua crítica seja.

A majestade do quadro há-de empolgá-lo. A extensão do panorama há-de impedir-lhe, por impossível, a minúcia da descrição.

Se tiver faculdades de análise, de observação, de síntese, abrangerá num golpe de vista rápido e admirativo o aspecto geral, e descrevê-lo-á em pinceladas largas, traços firmes, seguros, à água forte, que darão, a quem os ler, a impressão sugestiva e nítida de toda a paisagem, na sua grandiosidade soberana, na sua manifestação de maravilha.

Se não tiver aquelas faculdades, não saberá fazer a descrição, porque também não soube ver nem compreender.

Não poderá transmitir aos outros uma impressão que não soube sentir; não poderá fazer vibrar em ninguém o bordão sensório da sugestão realista, porque não soube concretizar, em si, a empolgância emotiva do espetáculo superior que se deparou à sua vista.

Se quisesse fazer um descritivo detalhe, de minúcia, apoucaria o quadro a reles proporção de uma oleografia barata, para encanto de qualquer criadita boçal, e enojamento do mais medíocre artista de alma vulgar.

Entretanto, um poderoso e sintético observador, colocado junto a qualquer fragmento da paisagem, descrevê-la-ia com a nitidez de uma lente de Goerz. A pequenez do espaço, a estreiteza angular do horizonte, a curteza que a sua «mirada» abrangia, não lhe deram possibilidade de tracejar largo o fundo do quadro, nem amplidão para uma imponência que não existia; por isso forçar-se-ia a descer ao requinte da minudência para dar o impressivo da verdade, o sugestivo do real.

Ninguém me negará, em justiça, faculdades de observação. Essas faculdades aí adstritas a um campo limitadíssimo, tinham que exercer-se de um modo comezinho, pequeno, fragmentável e minucioso; aqui, que posso ver o homem, a vida, a sociedade, o mundo, a alma, todas as «nuances» do sentimento, todas as manifestações da ruindade; tudo amalgamado, em bloco, num conjunto único, acorrentadas umas às outras por laços fatais e indissolúveis, não posso dispensar-me, nem fugir da apreciação em globo, numa grande síntese, traços fundos e amplos, frisantes, destacados, numa policromia berrante, para ferir càusticamente a retina e a memória, a alma e a razão.

Se um dia tiver que apreciar qualquer dos microscópicos aspectos da vida terrena, então voltarei à dissecação anatômica, na sua mais sutilizada análise e exposição.

Dize a um bom pintor, que produzisse uma obra-prima de perfeição e de cor, na passagem à tela de uma árvore, que reproduza com igual perfeição e nitidez a mata do Bussaco ou o pinhal de Leiria; ao mais brilhante escritor, que estereotipou em poalhas de luz descritiva uma pitoresca aldeia perdida na vertente de uma serra, que descreva com igual minúcia e colorido a cidade de Paris ou a «city» brumosa de Londres...

Deixa que cada um fale.

Não te prendas com teias de aranha.

Não faças como as crianças, a quem o medo à correção materna conserva presas por uma linha ao pé de uma banca. Trabalha, trabalhemos, que sem trabalho não há seara nenhuma que produza.

Que te importa se não colheres pessoalmente o fruto?

Se todos se acobertassem a essa consideração egoísta ninguém faria nada na Terra, receosos de que lhes não chegasse a hora da colheita compensadora.

Teu pai mandou plantar árvores de que só os filhos colherão proveito; e se tu fizeres sementeira de que só as gerações vindouras colham resultado, pagarás a dívida às gerações que te precederam, e à custa das quais gozas os benefícios de que desfrutas.

Não estranhes que os homens se riam, na sua deplorável ignorância, de que recebas comunicações nossas.

Bem merecem que se deixem rir os que nascem a chorar, e que atravessam a vida amarrados à calceta da dor, e flagelados pelo açoite do desespero. Se, por cada dez que se rirem, houver um a quem faças refletir e parar na inópia espiritual da ignorância, muito terás conseguido.

Este será a boa semente. Os dez do riso serão quantidades negativas e estéreis. Fechar-se-ão no seu egoísmo, como a ostra na sua casca. Quanto mais esforços se fizerem para a abrir, maior tensão empregará para se conservar cerrada.

Cristalizarão na sua descrença, vazia de sentimento, retraídos no seu obscurantismo, parados na sua evolução, enquanto o outro, o que meditou e abriu a sua alma a uma nova aurora, aqueceu o seu espírito a uma nova luz, retemperou a sua força em uma nova dinâmica, avançará, propagará a ideia nova, difundirá a semente pura, através da sua vida, como o vento rijo do outono semeia, através da terra, as sementes que conduz nos seus torvelinhos, ou a brisa cariciosa da primavera leva o pólen fecundante, pelas quebradas fora.

Um pobre bruto não se rirá porque o raciocínio lhe diga que é coisa improvável que sejamos nós a escrever para aí. Nada.

Não se deu ao trabalho de raciocinar. Era causa para fadiga, e ele não quer mais fadigas do que aquelas que vêm de uma boa digestão ou de alguma cena carnalmente estúpida, voluptuosamente bestial.

Ri porque é cômodo; nega porque é fácil e não exige trabalho. Chasqueia porque é incompetente para fazer coisa mais útil. Não estuda porque é maçada, não pondera porque tem medo que o pouco miolo, que lhe chocalha no crânio, lhe dê volta. Ri, porque tem receio; duvida porque se apavora ante a necessidade do mais pequeno esforço para estudar.

Aceita o que existe porque está feito; e reage e defende-se contra inovações, que lhe iriam desarrumar os conhecimentos adquiridos pelo hábito, pelo esforço obrigado, como os de um macaco de pelotiqueiro de feira; ou apanhados no ambiente social, caídos no seu organismo parado, como camadas de pó, caídas pela força da inércia e pelas leis da atração, sobre móveis velhos e quietos.

O homem, no seu simbolismo coletivo, foi sempre assim: — ignaro, madraço, selvagem e cretino.

E' necessário muito pontapé do destino para o fazer mover no seu passo cadenciado de paquiderme colossal; muitos jorros de luz, intensa e penetrante, para que possa ver; muitas chicotadas da dor, para saber sentir e apreciar.

As gerações sucedem-se amarradas aos mesmos preconceitos, estioladas na mesma ignorância, impotentes na mesma fraqueza.

Franzem as comissuras no mesmo riso imbecil, endeusam-se na mesma sabedoria pretensiosa; e transmitem, entre si, a mesma expectativa armada e daninha contra tudo que é novo.

São precisos anos e séculos de esforço e luta, para se fazer brecha na cidadela da ignorância e da insciência mandriona e acomodatícia, erguida e cimentada pelo atavismo ancestral de bruto e de selvagem, e defendida encarniçadamente pela rotina, pela superstição, pelo conservantismo. A palavra de ordem é: — «quando nasci já encontrei isto, quando morrer hei-de deixá-lo na mesma.»

Há também o riso fino, demolidor, irônico, trocista; mas esse é arma dos novos, dos lutadores; e esse não nos fará mal.

Para se saber fazer do riso arma de fina têmpera, como lâmina toledana, é necessário ter-se espírito observador, fino como diamante de arestas faiscantes, temperado no estudo das coisas; e cérebro equilibrado, de circunvoluções acentuadas, muito habituado à ginástica espiritual e sutil das grandes lucubrações e das análises profundas e dissecantes.

Quem souber rir assim, não se rirá do que deixamos dito.

Esse riso embotar-se-á como o acerado fio de uma navalha em um pedaço de granito. Quem tiver direito a sorrir irônicamente, numa manifestação acentuada e feliz de superioridade, há-de ver que não pode ser objeto de mofa quem escreve o que temos escrito.

Pode discordar, por efeito de educação, por divergência de vistas, por hábitos de escola, por circunstâncias de psicologia, por desvio de causas de ordem material, enfim por uma infinidade de coisas possíveis e talvez explicáveis; agora, o que não fará é confundir-se na manifestação inconsciente do riso escancarado, que deixa ver os dentes podres e a glote ruborizada.

Duvidará, discutirá, divergirá, mas manterá a linha de respeito devida a quem se apresenta, peito livre, inteiramente, francamente, a defender ideais novos, altruístas, puros como os não há mais puros, progressistas, alevantados e generosos como nenhuns outros.

EÇA DE QUEIROZ.

XI

À Mensageira Paz

19 de Março de 1907.

Madame.

Quero falar-lhe da sua obra. Quero felicitá-la; e não direi incitá-la, porque pressinto que no seu coração há vasto manancial de amor pela Humanidade — a pobre e má Humanidade — que dispensa incitamentos estranhos.

Madame: Realmente se a paz tem que vir ao mundo, não pode vir senão sobre as asas brancas da mulher. E' ela a Deusa simbólica da Razão, da Poesia, da Caridade. A Filha, a Esposa, a Mãe; trilogia sublime, anjos divinos a quem cabe a missão distribuitiva do amor ao homem em todas as suas modalidades afetivas. Filha, deixa que se evole de si o suavíssimo perfume do amor cândido, puríssimo, ideal, que alegra a vida do pai como o canto da ave, o raio do Sol, a promessa da esperança. Esposa, acalenta, anima, fortifica o companheiro, desanuvia-lhe os pesares, enternece-lhe o coração, encoraja-o na luta, robustece-o no sofrimento, ampara-o na queda, conforta-o no desespero. Pombo da paz, perfume da rosa, réstea de luz em toda a sua vida. E' a parte benéfica e dourada do sonho humano; é a partícula divina da Criação.

Mãe, é o anjo que Deus põe junto ao homem desde que ele entra no mundo, como outro dia o Fernando disse (1). E' sob as suas asas de luz que o filho se desenvolve, educa e cria.

---

(1) Referência a uma frase dita em um brinde num banquete pacifista.

E' ela o primeiro mentor do homem; quem primeiro o guia nos seus passos vacilantes, trêmulos, incertos; quem lhe ensina a amar e a esperar; quem lhe ensina a balbuciar Deus e Mãe; quem lhe ensina o padre-nosso e a caridade.

Sendo assim, é, pois, por essa criatura angelical, emanação de Deus, que a paz virá, se algum dia ela puder chegar, no seu carro de ouro e azul, do país da Utopia, da região do Sonho, até ao mundo egoísta e mau em que vivem aí, e onde vivi também.

Infelizmente, espírito frio, analítico, e talvez sarcástico, não creio muito que essa doce e rosada alvorada de paz se entreabra sobre a treva que a maldade, a inveja, o egoísmo e o orgulho difundem sobre a Terra.

No coração humano, tão repleto de sentimentos estranhos e antagônicos que se entrechocam, batidos pela vida como os seixos da praia se entrechocam batidos pelas vagas, não há lugar para a deliciosa esperança de uma felicidade, que não é da Terra, e que Deus destinou só às regiões da perpétua luz.

Paz? Paz! Onde existes tu, deidade mitológica, deusa do amor, estrela luminosa do Oriente?

Exististe nas palavras do Cristo; existes no riso da criança, na prece do velho, no último suspiro do justo; mas as palavras do Cristo ainda não conseguiram vencer a guerra e a desordem; o riso da criança extingue-se com a dor e perde-se na estrada abrolhenta e má que percorre da infância à puberdade, e a saudade desse riso acompanha-o até à morte aí, como um sonho delicioso que não volta mais; a prece do velho mal anima a sua alma prestes a fugir, o seu coração prestes a esfriar; e o suspiro do justo moribundo é a primeira nota do hino de amor que ele vem cantar para a região do Aquém, para os páramos da eternidade; é a primeira aspiração, a mais lúcida esperança, que a sua alma branca, ao desprender-se, leva aos pés do Mestre e envia ao sólio do Pai, como anseio de toda a sua trajetória nesse mundo, onde só colheu desenganos, desilusões e dores!

Paz! Sonho das almas cândidas!!

O' almas de luz, alvoradas gentis, não serei eu que vos desperte desse sonho...

E vós, senhora minha, branca mensageira da Ilusão, crede sempre que haveis de conseguir fazer florir sobre esse mundo lodacento a alva flor da paz. Crede-o; porque se a não fizerdes florir para esse mundo, far-lhe-eis abrir o cálice para vós, e entornar a sua fragrância e a sua beleza por sobre a vossa alma, por sobre a vossa consciência.

E não há melhor bem nem mais perdurável felicidade do que a que nos irradia da paz íntima do nosso ser.

Que Deus vo-la conceda, como vós, no vosso generoso sonho, a desejais aos outros.

Pensai nela, amai-a e servi-a, porque a encontrareis, senão aí, aqui, como primeiro anjo que vos cobrirá com as suas níveas asas, ao aportardes, no termo da vossa macerada jornada, às plagas da luz e do amor eterno!

EÇA DE QUEIROZ.

XII

Os ilustres Srs. Críticos

2 de Março de 1908.

A frase mais verdadeira que tem ressaltado de toda a apreciação feita ao livro (1), foi a do humorista que disse admirar-se de que nós ainda tivéssemos paciência para gastar cera com ruins defuntos, dando noticias para esse mundo.

Não será justa, talvez, para aqueles que, como o Camilo, tenham a satisfazer uma exigência imperiosa do seu dever de amigo, ou como o Gomes Coelho, que na sua doce ideologia de bom ainda alimente a ilusão de que a sua palavra suave possa dar rebate a consciências aí mal encaminhadas; mas para mim, que não possuo ilusões sobre o bípede bicho, enfermiço de todos os defeitos, que na Terra se pavoneia com o pomposo título da Rei da Criação, ajusta lindamente a casquinada de troça que aquela judiciosa observação representa. Há, porém, uma coisa que me consola. E' a de que não fiz por ignorante. Foi para condescender contigo.

Se não fôsse a nímia complacência com que a minha amizade póstuma te quis mimosear gentilmente, não seria eu quem gastasse o mais miserando coto de sebo a alumiar os sábios, meus confrades em letras, que se arrogam o privilégio exclusivo do saber, do juízo e do bom senso. Deus me livrasse de outras temeridades, que dessa me livraria eu.

Nem pelo cérebro me passava a ideia de vir meter-

---

(1) Alusão ao livro *Do País da Luz*, de comunicações mediúnicas, publicado por Fernando Lacerda.

-me a redentor, nem de envergar o burel da penitência e calçar as sandálias dos ascetas.

Dirigir epístolas aos Coríntios, só S. Paulo; e nem sou S. Paulo, nem os meus compatriotas, ilustres pés-de-boi e prendados conselheiros, são coríntios.

Nos meus escritos, que não são inicialmente outra coisa que desenfastiadas palestras contigo, tenho feito referências frisantes à minha incredulidade na eficácia do processo que se estava adotando para embarrelar almas, aí incrustadas em lama, que nenhuma lixívia será capaz de fazer brancas.

Conhecia muito bem os gentios para quem se estava falando.

Já quando aí estava e escrevia, não me iludia sobre o resultado provável do meu trabalho.

O resultado havia de ser inútil e o trabalho estéril.

Se algum pesar sinto pelo que fiz, é o de não ter posto mais acidez nos manjares literários que cozinhei.

Coisa que não envenenasse; porque para fazer dano nunca tive queda; mas para acidular um pouco mais o sangue-capilé que irriga frouxamente as circunvoluções cerebrais dos plumitivos que lêem e escrevem português. Talvez que assim se lhes acentuasse melhor o paladar literário a meu respeito, para não me confundirem agora com aqueles com quem, em bela e fraterna camaradagem, acompanho no livro; e a todos nós contigo próprio.

Os críticos, que desfraldando a estandarte da negação e revestidos das suas armaduras de aço adamantino, têm vindo ao terreiro terçar armas em combate, não merecem resposta como críticos.

Como individualidades literárias, serão muito boas pessoas, excelentes cidadãos e fulgurantes escritores. Serão tudo isso e o mais que a minha inópia não vê e a sua vaidade deseje; mas como censores a quem cabe a missão de analisar, apreciar e discutir um fato novo, que ante os seus olhos aparece; ou como pegureiros encarregados de guiar esse enorme rebanho de ovelhas humanas, que esperam a palavra oracular dos sábios para formar o seu juízo, estão abaixo da minha mais condescendente apreciação.

Convenho em que, se o fato é novo, não podiam ter a necessária preparação especial, para que, desde logo que ele aparecesse ao seu critério, o apanhassem, esquartejassem e dependurassem, como um magarefe hábil faz a um suíno morto; mas se não sabiam e se sentiam em si próprios alguma parcela dessa centelha divina com que Deus marca e distingue os cérebros destinados a guiram aí o tal rebanho de ovelhas, então, para honrarem o pedestal em que se colocaram ou foram colocados (que de barato e a seu contento dou a escolha), a missão que dizem desempenhar e a causa de que presumem ser servidores, estudassem, profundassem, ponderassem criteriosamente, e, depois, armados e fortalecidos com a autoridade que lhes dava o valor do próprio esforço, dissessem o que lhes aprouvesse, sob a orientação em que o seu espírito se houvesse norteado.

Teriam assim bem merecido de todos: — de nós, ainda que nos negassem, daqueles que pretendessem elucidar e encaminhar, e deles próprios.

Agora, com argumentos de ki ki ri ki, e risinhos de imbecilidade em guisa de finura, só merecem o soberano desdém, que neste momento lhes faço.

Em verdade devo confessar que, nem o fato que a aparição do livro representa, nem as manifestações que ele contém, são de vulto a despertar interesse naqueles sábios ilustres e não ilustres, que aí têm o seu juízo feito sobre o insignificante problema de que ele trata.

Comunicações do outro mundo! Ora! Contos da Carochinha, superstições de velhas e de boçais, indignas do século XX, como dirá qualquer ilustre sapateiro d'aldeia, guindado, mercê de Gutenberg, à categoria de filósofo positivista da atualidade.

E... que dizem essas comunicações?

Coisas reles, ínfimas, banais...

Que importava que a servir-lhes de pedestal estivessem os nomes de Herculano, Camilo, Vieira, Hugo e outras quejandas nulidades?

O que vale o que eles disseram, ao pé do prodígio que representa o português vernáculo e castiço, a facilidade e a fluidez da exposição, a grandeza da concepção, a profundeza do conceito, a beleza da forma, a sutilidade do espírito, o aticismo no dizer, com que se topa correntiamente na moderna literatura portuguesa, nomeadamente no jornalismo — constelação zodiacal onde refulgem as estrelas de primeira grandeza, que tão generosamente se dignarem apreciá-los e classificá-los?

Na prosa, o que o livro contém, não vale um chavo. Sandices sem gramática, português de rol de tenda, má sombra de ruim decalque do que aí deixámos escrito.

Em verso, os do João, banais, errados, imitação de pacotilha, falhos de ideação, sem valor, coisa um pouco menos do que aqueles que a fome engendra para embrulhar os rebuçados de ovos.

Versos belos, obra perfeita, lapidar modelo de joalharia poética, só os que faz o seu crítico.

Que os outros lhe não vissem a alma a envolver os versos, vá. Há aí videntes que nem com a luneta de Greenwich são capazes de ver o convento de Mafra a cem metros de distância. Mas aquele crítico...

Enfim, concedo de boamente que todos têm razão.

Este — todos — é relativo, bem entendido, àqueles de quem tenho vindo falando. São os que negam, são os espíritos fortes, os que se riem de ti e de nós, em uma olímpica manifestação de superioridade; os que te acharam pouco mais de que idiota em acreditares em almas do outro mundo, e a nós pouco menos do que cretinos em escrevermos as bugiarias que o livro contém.

Todos, são esses deliciosos críticos que, para te personalizarem e desmerecerem, engendraram, em poucas palavras catedráticas, um consciencioso juízo crítico, que representa a ductilidade, a transparência e a beleza do pindárico ornamento bovino, tanta vez enaltecido, como símbolo, pelo Silva Pinto.

E a propósito:

Não foi Silva Pinto homem que gostasse nunca muito de mim. Guiava-se pela folhinha do Camilo, folhinha onde eu não tinha marcado dia santo; o que não impede de lhe querer também muito, agora, que o Camilo reformou a sua velha folhinha por outra que ambos presentemente lemos, onde os santos são comuns, e as orações iguais.

Este querer aumentou ao ver que o antigo lutador, que, mal equilibrado nas pernas frouxas, ainda bem se encobre com a adarga e maneja rijamente o montante, não esteve com meias medidas. Duvidou até lhe chegar à conta. Chegou, deu tento de si, atirou por sobre os monhos com os seus escrúpulos de consagrado, e veio ao terraço, como um arauto antigo, gritar aos que passavam que tinha recebido notícias do seu Camilo, do seu grande Camilo; e que era muito dele a alma, a grande alma, que sentia palpitar, ofegante, amiga, receosa, nas trinta e tantas páginas que daqui lhe dirigia aquele que para sempre supusera morto!

Não cito o Silva Pinto mais do que para minha própria satisfação. Minha e tua.

Não é Silva Pinto homem que sirva para exemplo aos espíritos fortes em quem estas futilidades não abrem brecha.

Que vale o Silva Pinto em confronto com os talentosos críticos, sumos sacerdotes da sapiência (a quem presto rendido culto), e que, num assomo de serena justiça e de pulcra verdade, capitularam de sandices e de banalidades o que dissemos?

Seguramente compreendes que não levanto estes juízos feitos. Acho-os justíssimos.

Os outros, os que acharam notável o livro, fôsse qual fôsse o aspecto por que se encarasse, esses são uns imbecis como nós.

Não conhecem português, não conhecem gramática, não conhecem literatura, não conhecem filosofia, não conhecem nada.

Os que o tomaram, realmente, como manifestação nossa, como luminoso clarão irrompido sùbitamente do escuro misterioso que rodeia a Morte, levando a uns a certeza da existência da Alma, a outros a esperança numa provável felicidade; e ainda a outros a dúvida à sua indiferença; abrindo-lhes os olhos, enchendo-lhes os corações, deslumbrando-lhes os cérebros; — estrada de Damasco para alguns, Canossa para muitos, Consolação para todos; Aurora para os que vivem na noite da Descrença e do Desespero, — esses são uns simples, uns ingênuos, a quem a tua gananciosa charlatanice conseguiu mistificar...

Desses tenho dó.

Como os seus cérebros se acham avariados! Dão-me a ideia de múmias do passado; de piedosos ignorantes vindos, dormentes, das regiões da fé antiquada, dos confins da Índia misteriosa, ou das escusas catacumbas romanas, ressuscitar em pleno século do progresso, no templo luminoso da Sabedoria Humana, onde o Ateísmo é o **Sacerdos Magnus**!

Haver alguém que possa acreditar em Deus e na Alma! Haver quem creia como natural que nós possamos ainda pensar, falar e agir; que proclamemos o Desinteresse, a Abnegação e o Amor, na época vertiginosa e estonteante em que se dignifica o Egoísmo, em que se proclama a Negação, em que se diviniza o Orgulho, e em que o Positivismo, transpondo num voo o espaço máximo que vai ao seu pólo extremo, se entrelaça com o Nada, para se negar a si próprio! Pobres deles, que são criaturas dum misticismo mórbido, com a concepção doentia de cérebros imperfeitos.

Vês? Achei a nota. Cérebros imperfeitos, é o que vocês são: — tu e os que te acreditam.

E' uma deliciosa maneira de vos chamar loucos, e de não contrariar os preclaros espíritos fortes que se sorriem piedosamente, desdenhosamente, ao verem o vosso atraso mental, a vossa pieguice de coração, a vossa achacada sentimentalidade, o vosso ar antigo de crentes duma época extinta, em exposição no Pandemônio da Civilização Hodierna.

Que se sorriem?

Sabem lá sorrir, essas personalidades estéreis, que destilam intransigência, que tressuam inveja, que refocilam na materialidade, sem um arroubo de ternura, sem uma iluminura de fé, sem um ideal que vá além da mesa onde repastam, da cama onde ressonam e da mulher que as estonteia?

Sabem lá sorrir, os que passam a vida a proclamar

a sua igualdade material ao asno na necessidade fisiológica, à fera na satisfação do instinto, e à matéria inerte no destino finito, único, inultrapassável, do seu ser, da sua inteligência, da acumulação secular do seu saber, da vida anímica e misteriosa do afeto, das aspirações, insaciáveis de progresso e de perfeição, em que se constitui a grandeza infinita do espírito humano?

Sabem lá sorrir?

EÇA DE QUEIROZ.

XIII

A Esmola

Um dia, o Dr. Archer da Silva, que não tinha a honra de conhecer, estando em companhia de um respeitabilíssimo amigo comum, graduado funcionário público em Lisboa (1), disse-me ab-ruptamente e sem prévia apresentação:

— O Sr. Lacerda é capaz de conseguir-me respostas a uma pergunta que eu lhe faça, conservando cada uma o característico de quem a der?

— Sou.

— Quando?

— Já — respondi sem hesitação.

— Agora me embaraçou o senhor...

— Pois desembarace-se e faça a pergunta — disse sorrindo.

Pensou, e, momentos depois, disse-me:

— **A esmola é um bem ou um mal?**

Pedi papel e sentei-me a escrever.

Aquele ilustre médico, sem eu reparar, tomou nota da hora.

Pus a pena sobre o papel, comecei a escrever vertiginosamente, entretanto que os dois senhores que assistiam à experiência conversavam ruìdosamente, e eu com eles.

Enquanto escrevia fui interrompido por dois indivíduos, que entraram no gabinete em que nos achávamos,

---

(1) Dr. Manoel Moreira Feio, ex-inspetor da Polícia, já falecido.

a tratar de assuntos vários; foram procurar papéis à pasta sobre que eu escrevia, e, apesar de tudo, decorreram só quatro minutos e quinze segundos na obtenção de seis respostas, devendo notar-se que a atribuída a Castilho foi feita em letra pontoada, como se o fôsse com a ponta de um alfinete.

Eis a do Espírito de Eça de Queirós:

«A esmola é um mal sob o ponto de vista mundano. Faz ociosos e viciosos.

Todos aqueles que se habituam a viver pela linfa da fonte da Caridade, linfa puríssima na sua acepção genialmente cristã, não mais buscarão viver do trabalho honesto, — ordem e vontade do Criador de tudo, que a tudo determinou ação e necessidade.

Sob o aspecto social, é, pois, um mal.»

E. de Queiroz

•

XIV

Livre Pensamento & Cia.

Já agora seja eu quem abra também o terceiro livro (1). Não sei se este fato representa uma graciosa concessão tua, se um impertinente desejo meu.

Parece-me que se darão os dois casos, numa tocante concordância, com desvantagem para o livro e desprazer para os leitores.

Em qualquer daqueles que vêm constituindo a nossa falange, irias encontrar quem com mais autoridade, mais competência e mais gravidade o fizesse; mas porque te habituaste a que fôsse eu quem para aí abrisse a janelinha a que vimos falar, e por onde vós outros, num irresistível impulso de curiosidade, espreitais o que se passa em nossa casa, entendes que seja eu quem mais uma vez o faça.

Sinto-me desvanecido com a tua preferência; e mais sentiria se todos os meus companheiros daqui não estivessem limpos da crosta leprosa da vaidade, como estão, porque gozariam mais uma vez o lúbrico prazer humano de fazer morder de inveja os meus confrades em letras.

Mas, desgraçadamente para a minha prosápia, eles acham-se já bem afastados dessa lama que aí salpica tanta gente honrada; e riem-se, à socapa, de nós ambos: de ti, porque revelaste detestável falta de gosto no convite que me fizeste; e de mim porque perdi o meu tempo e a maneira habilidosa como insinuei o convite; e tenho

---

(1) Alusão ao terceiro volume do livro *Do País da Luz*, publicado por Fernando de Lacerda.

agora de tomar a sério o papel, como grave mordomo de casa nobre, para vir anunciar as visitas de distinção.

Ora, visto que não consegui fazer brotar no peito de cada um dos meus bondosos e tolerantes companheiros esse sentimento cáustico do ciúme, picante como urtigas bravas, vou, como puder e souber, dar razão de mim, já que não poderei dar-te razão a ti.

Não corre, por aí, muito boa a época para coisas de espiritualidade.

Uma parte da sociedade portuguesa — espécie de sol-e-dó científico-recreativo-familiar — sentiu-se com asas envergadas e rijas para voar pelas amplas regiões da independência e do ateísmo, e, aproveitando-se de uma das modernas leis da República, requereu o divórcio contra Deus, e a separação da caldeira e pucarinha.

De há muito vinha manifestando arrufos. Via-se nela, evidentemente, um mal-estar, uma inquietação de fêmea sensual insaciada, revelados por caprichos nervosos, por crises histéricas de indisciplina moral e mental, que nos fazia prever que, mais dia menos dia, num assomo de feminista orgulhosa, proclamaria, à face do mundo, a sua independência espiritual.

A ideia de fidelidade a um Senhor que só conhecia de nome e que a violentava a ser séria, a ser honesta, a ter juízo, a cultivar virtudes e a menosprezar vícios, tanto de seu prazer, tão picantemente lascivos, tão deliciosamente canalhas, provocava-lhe íntimos movimentos de revolta.

Ansiava por quebrar os grilhões do espiritual consórcio que de há tantos séculos a jugulava; queria lançar de si os escrúpulos de austeridade com que a obediência religiosa lhe peava os «cans-cans» de mundana livre, para poder viver numa estúrdia rasgada.

Chegou a ocasião apetecida.

Entrou com o arrebol escarlate da revolução política.

A ilustre pseudo sociedade pensante dessa linda terra de mentecaptos proclamou a sua emancipação.

Deus passou à História.

Nem serve para se mostrar empalhado, em qualquer museu de raridades, porque, tendo-se ausentado, há séculos, para parte incerta, não cumpriu ainda o gracioso dever de cortesia de vir apreciar as generosas conquistas do mundo moderno.

Ora, aquele divórcio coloca-nos em situação embaraçosa.

Todos nós, mais ou menos, vimos falar em Deus; e não podemos deixar de reconhecer que é desagradável impertinência falarmos dele, quando aquela ilustre sociedade o baniu para sempre, do território português, e ainda se deve sentir desvanecida e ensoberbada pela carta de alforria conquistada nesse belo gesto, à sombra da lei generosa do divórcio.

Devemos dar-lhe a impressão de atrevidos e impertinentes desassisados, que perguntem a uma galante recém-divorciada pelo marido, que ela graciosamente alijou, como trambolho incomodativo.

Compreendo que não é agradável a nossa situação. Não poderemos esperar que sejamos recebidos com álacres manifestações festivas; mas já que estamos cá, não deixaremos de entrar e de dizer da nossa opinião.

Eu sinto — e nós todos certamente o sentimos por igual — que para sermos agradáveis à linda «cocotte», toucada de vermelho, que se divorciou para se casar em seguida com o cidadão Livre Pensamento, não saibamos perpetrar a delicada e encantadora hipocrisia de a felicitarmos, fingindo que também nos libertamos da tirania de Deus (já que realmente temos a imperdoável fraqueza de ainda lhe estarmos sujeitos); mas, tristemente, desconsoladoramente o digo: — não o sabemos fazer. Já não é fácil contrairmos hábitos novos; e, portanto, cristalizaremos, em renitente impenitência, neste secular sebastianismo, nesta boçal estupidez, de acreditar na existência do Deus tirano e de o servirmos; e, refinando na boçalidade, aconselhar os outros a que façam o mesmo se querem, previdentemente, defender o bem-estar futuro do seu corpinho espiritual, que sempre é alguma coisa destinada a viver por mais algum tempo, que essa reles e pouco cheirosa revestidura dos ossos, em que aí se conserva, temporàriamente engaiolada, a alma humana.

Eu sei que esta confissão é vexatória para os nossos brios. É, e é também depreciadora para os nossos créditos de pessoas livres, e presumidas de regularmente inteligentes. Reconheço que por ela seremos relegados à baixa categoria de escravos, de imbecis, ou de retrógradas, e ia dizer de talassas, se me fôsse permitido gracejar com coisas sérias; mas não tenho meio de dar volta aos meus companheiros, que confessando a sua fraqueza mental, a sua avelhada educação, persistem, obstinadamente, em se conservar rebeldes às ideias modernas dispensadoras de Deus, e de tudo quanto de grande, de majestoso e de bom era e é evocado, em síntese luminosa, ao nosso espírito enfezado e mesquinho, por esse nome que consubstancia a mais bela, a mais infinita concepção do cérebro humano.

Não há dúvida: — é deprimente; mas, assim como assim, persistimos em fazê-la e mantê-la, ainda que isso nos custe a perda de qualquer apoteose feérica, projetada por algum dos círios civis dessa feliz e festeira aldeia que se chama Lisboa.

O pior será para ti.

Tu é que devias procurar libertar-te de nós, porque te somos companhia prejudicial.

Já te fizemos passar por maluco, por ignorante, por mistificador, por asno, por detestável escrevinhador de prosas bárbaras e de versos insulsos; e agora te arriscas a apanhar alguma sova de respeito, ou a seres tido e havido por agitador religioso, se continuas a deixar perceber a esse mundo emancipado e sábio que associas com companhias tão pouco recomendáveis, como são as dos mortos, e, de mais a mais, de mortos ignorantes, mortos que se não pejam de falar em Deus, nem de virem aconselhar a humildade, a caridade e a resignação, quando a moda obriga a renegar Deus, a praticar o Orgulho, proclamar a Fraternidade e a aconselhar a Rebeldia.

E, pensando bem, não sei se serão eles os que têm razão. Humildade, Caridade e Resignação! Ora! Isso serve só para fazer imbecis.

Para fazer homens, para enrijar a fibra, nada como o Orgulho, a Fraternidade e a Rebeldia.

Há, realmente, nada mais belo que o orgulho, para nos imprimir a audácia e o brio de cidadãos livres, para nos espartilhar em vertical aprumo, fazendo-nos a todos superiores, sem que haja da raça ínfima senão os outros?

Há lá nada mais democràticamente nobre que o orgulho, que faz de cada pessoa antepassado de si própria, com ricos e bolorentos pergaminhos, conquistados, dia a dia, nas rijas pelejas da má criação, ou pela alvar manifestação da sua ignorância ou da sua boçalidade?

Há nada mais cientìficamente dignificante, que melhor nos endeuse, que melhor nos encarrapite no acume da pirâmide da fé, elevada por gerações sem conto, em séculos de dor, de penitência, de caridade e de grandeza, para fazer-nos de lá, do cimo, coisa semelhante à que faz qualquer pardal malcriado, do vértice de alguma das pirâmides egípcias, com a mesma sem-cerimônia e com o mesmo desrespeito por quem derramou o seu sangue generoso no argamassamento daquela fé, com que o pardal usa para os artífices que ergueram as angulosas moles que vêm desafiando séculos?

E da Fraternidade? Que vos direi eu que vós todos não saibais já na ponta da língua, aprendido nos mais rendilhados discursos que a verborreia peninsular tem sabido modelar?

A Fraternidade! Oh! a Fraternidade!

Quem a não sente? Quem a não conhece? Quem não topa com ela, aí, a cada pé de passada, pelas vielas escuras, pelas mansardas sombrias, nas noites de frio, nas horas de fome, a cobrir com o seu rico manto os miseráveis, os desgraçados, os sem pão — essa legião enorme de deserdados, que não têm a suprema ventura de pertencer à divina classe dos superiores, e que, como vermes rasteiros, são «dos outros», dos inferiores, dos que vegetam em torno de soco em que assenta o pedestal dos felizes da Terra!

Oh! A Fraternidade é uma coisa realmente bela. E' a nova e celebrada madame Benoiton, em que todos falam... e que não aparece nunca.

Quem a não conhece?

E a Rebeldia?

A Rebeldia é a liberdade; a Rebeldia é a emancipação. A Rebeldia é o direito à vida; é a suprema conquista moderna; é a manifestação viril desta aguerrida e heróica sociedade, que díscolos como nós, aferrados a velharias e a ideias contumazes, teimam em classificar de dessorada, de anêmica, sob o ponto de vista físico, e de idiota sob o ponto de vista intelectual.

A Rebeldia! Como é encantador vê-la, de olhar febril e penetrante como estiletes, cabelos soltos, em desgrenha, ondeantes ao vento queimante da revolta, face adusta, voz enrouquecida, avermelhada pelos reflexos dourados do incêndio, ensopada em sangue, suja da lama dos caminhos, impelida como máquina bruta de destruição contra inimigos que é preciso aniquilar!

Como é belo, como é consolador, vê-la, qual monstro fabuloso, nutrir-se, insaciàvelmente, de vidas, de preciosas obras de arte, de suadas riquezas, de indústrias florescentes, de tudo enfim que constitui patrimônio honesto de uma sociedade regularmente organizada, de fundas raízes seculares, criada e enobrecida à sombra tonificante da ordem, soerguida pelo sopro criador do Progresso!

Ah! a Rebeldia é um esplêndido mar revolto e turvo, onde hàbilmente se pode pescar; é uma capitosa bebida para estontear cabeças fracas, para contorcionar estômagos famintos, e fazer dos desgraçados, a quem generosamente se dá, máquinas vivas e irrefletidas de devastação e de morte, contra tudo o que a inveja ou a ambição, brutalmente inconscientes, as queiram arremessar.

A Rebeldia! Há nada mais dignificador que esse soberbo direito contra as normas que a sociedade fixou para se guiar; contra os laços morais que a inteligência humana criou, ao influxo da ideia deísta, como laborioso produto de tantas civilizações ricas de cérebros portentosos, que não deixam a libérrima expansão da animalidade material, nos seus mais desenfreados gozos, e nas suas mais arrojadas aspirações?

Rebeldia, prodigioso aríete contra essa tênue, mas quase invencível, muralha do preconceito, que estabelece que cada um seja dono daquilo que é seu; contra os princípios de ordem, de autoridade e de honradez, que impedem, arreliadoramente, a livre promiscuidade dos seres e dos haveres, proclamada em cultual divinização à mândria, ao atrevimento, ao furto e à imoralidade!

Que esplêndida coisa é a Rebeldia!

Pena é que ela seja, às vezes, como esses jogos de facas pontiagudas com que inábeis «jongleurs» exploram a basbaquice popular: — que se sucede cravarem-se no explorador, também arriscam o explorado a ser espetado por elas...

Desviei-me do meu fim.

Perdi-me na parlenga, e ia por aí em fora, modulando ditirambos às modernas virtudes que enfloram o tálamo nupcial da Sociedade livre pensante portuguesa — anônima criatura, filha incestuosa da Ignorância e do Atrevimento, com o ilustre cidadão Livre Pensamento, filho adulterino da Vaidade e do Amor-Próprio; e esqueci-me que não foi para isso que eu vim.

E' já tarde para reconsiderar.

O que está feito, está feito; e a fazer alguma coisa mais, será sinceros votos para que a lua de mel se prolongue aí por muito tempo, porque será sempre cedo de mais para virem passar aqui a lua de fel, como natural consequência da pândega bacanalesca a que os enamorados cônjuges se irão entregar, sem refreio nem cautela.

Parece-me que a ilustre Sociedade livre pensante, com morada em qualquer viela escusa da terra portuguesa, ainda há-de convencer-se de que teria sido melhor ter dado com a janela na cara do libertino Livre Pensamento, quando ele começou a rondar-lhe a casa, cantando em tentadora surdina:

Salve, dimora casta e pura...

e escondendo os chavelhos de Mefistófeles sob o gorro emplumado do Fausto rejuvenescido e encantador.

E nós, a velhada, por aqui nos vamos conservando, aferrados ao delicioso engano do amor a Deus.

Não tenhais piedade de nós, por isso, ó ilustres e

sapientíssimos senhores, que desfranzis benèvolamente os arroxeados beiços em uma contorção de riso superior.

Nós continuamos, com prazer, a ser dos outros, dos que não são superiores, dos mentecaptos, dos que não sabem amar o orgulho nem a rebeldia, ainda que corramos o risco de ver cair sobre nós, como avalanche esmagadora, todo o desprezo que vós, olímpicos tonitruantes, dardejais do vosso olhar fulminador.

Continuaremos a vegetar na rústica singeleza dos crentes, felizes porque as nossas ideias se conservem inabaláveis à poeira nevoenta que mais uma vez se levanta a pretender cegar o entendimento humano, e a derruir a crença do seu sólio feito de corações.

Continuaremos a lembrar-vos que todos os homens são irmãos, e que mal fazem esquecê-lo com cultuamento ao ódio, ao orgulho, à vaidade, e a semelhantes tonificadores da fibra humana, que só conduzem às lutas fratricidas, e ao desespero social, aí, e a todos reserva dolorosas surpresas aqui.

Continuaremos a vir lembrar-vos que sois aí pequeninos vermes, de vida efêmera e transitória, que um sopro anula, que um alfinete destrói; e que bem basta para dolorir-vos a marcha do tempo em que aí andais, os obstáculos e dificuldades que naturalmente eriçam o caminho, sendo bem dispensáveis todos esses que por ambições mal cabidas, por ódios condenáveis, por intrigas, por invejas, e por vinganças, vos encarregais, pròdigamente, afadigadamente, de inventar e de multiplicar.

Continuaremos a lembrar-vos que para se ser grande, basta ser-se virtuoso e bom; para se ser distinto, inteligentemente ilustrado e honradamente trabalhador; e que no mundo, no Universo, há campo infinito aberto à vossa atividade, ao vosso pensamento, à vossa liberdade, sem terdes a necessidade de ir esbarrar com os direitos dos outros, e, principalmente, sem haver mister de vos armardes em fera catadura contra Deus, que vos não incomoda, nem contra as crenças de cada um, que vos não estorvam.

Continuaremos a vir lembrar-vos que se quereis conservar, no vosso cérebro ou no vosso coração, altíssimo santuário, onde divinizeis os vossos afetos caros, os vossos pensamentos livres, as vossas aspirações, sagradas pelo trabalho, sagradas pela vossa vontade consciente, deveis evitar a intromissão no recesso íntimo das crenças alheias, não pretendendo destruir, pela violência, a mais bela e a mais pura riqueza de cada alma.

E, para não perdermos o costume, continuaremos a vir por aqui, a gozar da vossa felicidade, enquanto vós, intimoratos espíritos fortes, dignificados dispensadores de Deus e das obrigações emanadas da crença nele, não vierdes até nós, colher o desengano trágico das vossas bem fugazes ilusões.

E está aberta a janelinha.

EÇA DE QUEIROZ.

XV

Os que sabem zero

Não há dúvida: — era eu (1).

Razões de vária espécie — e todas certamente muito ponderosas e conspícuas — levaram os meus ouvintes a duvidar, conquanto eu me não conforme com as razões nem com a dúvida.

Na opinião do José, eu estava pouco lúcido. E olha que foi das opiniões reveladas, a mais indulgente.

O que se passou teria sido uma engraçada troça, se não fôsse a amizade, de que me reconheço devedor a todos eles, afastar hipótese tão apropositada.

Imagina que quiseram que eu lhes desse informações prontas e seguras sobre os dois problemas mais sérios e mais transcendentes a que pode abordar a investigação humana: — O que é Deus, o que representam, em face da Doutrina Espírita, os animais da escala inferior: — se futuros espíritos humanos em evolução, se espíritos próprios de cada espécie.

Como vês, é singularmente curiosa a maneira como aí se pretende investigar.

---

(1) Em uma sessão de investigação manifestou-se, entre outros, um Espírito que disse ser Eça de Queirós.

Fizeram a este várias perguntas, às quais ele não respondeu tão satisfatòriamente como os ouvintes desejavam. Deste fato surgiram dúvidas sobre a identidade do comunicante. Como resposta a estas dúvidas, veio a presente comunicação.

Publica-se, porque, apesar do seu caráter particular, tem necessárias correções e excelentes ensinos, ao modo como se investiga e se deve investigar a verdade espírita.

Aí, é nesse mundo. Em toda parte há a mesma orientação patusca.

Espera-se o que primeiro de nós apareça despreocupadamente, como o caçador espera o incauto láparo, que vai deitar-se ao Sol, à boca da lousa, e dispara-se-lhe uma saraivada de perguntas, em que se mistura o desejo de saber se o Padre Eterno é aquele venerando ancião de longas barbas nevadas, que as oleografias baratas popularizaram, com o desejo de saber qual é a doença de que sofre o marido da senhora dona Fulana, ou se a interessante menina de tal casará com o seu não menos interessante adorador Fulano.

E não será raro quererem fazer de nós adivinhadores de loterias, pesquisadores de ricos tesouros escondidos pelas mouras encantadas ou pelos nossos heróicos avós, quando fugiam adiante dos famintos soldados de Napoleão; agentes de casamentos, vigilantes de maridos infiéis, portadores de recadinhos amorosos, e não sei quantas coisas mais, das muitas que germinam e florescem na parte louca de cada cérebro humano.

Eu sei que tudo se pode perguntar, e tudo pode obter lindas respostas. Se aí a parte néscia da Humanidade curiosa, fecunda e pare tão graciosos disparates, aqui também a parte velhaca e má da Humanidade livre tem bojo para se divertir à custa das ingenuidades ou das ambições que os encarnados revelam.

Ingenuidades, e, com o mais subido respeito, atrevimentos. Não se olha a quem as perguntas se fazem.

Há aqui individualidades, que são agora impertinente e desrespeitosamente submetidas aos mais disparatados interrogatórios, por qualquer incipiente praticante do Espiritismo, para quem esses impreclaros investigadores não ousariam levantar os olhos, se aí existissem ainda. Não suponhas que eu, com esta apreciação, quero manifestar descontentamento pelo que se passou comigo. Deus me livre de que tal suposição se faça.

São estes meus dizeres uma apreciação genérica sobre o modo como, nesse mundo, as massas orientam a maneira de se porem em comunicação conosco; e frisar o grau de futilidade ou de maldade interesseira, que revelam no fim que os leva a procurar o cultivo das nossas relações.

Quanto a mim, nas circunstâncias gerais, não gozo nem me irrito com as perguntas, nem com os pedidos que me fazem, ainda mesmo quando, para sua satisfação, exijam o clássico e pouco elegante capote e lenço das nossas bisavós, e que eu, pela minha incorporeidade atual, não poderia envergar muito bem, nem mui jeitosamente.

Nas circunstâncias especiais que se dão com amigos, o caso diverge muito. Não só não me irrito, como desculpo; e compreendo que as perguntas que me dirigem, na febre escaldante do justificado desejo de saber o que por aqui se passa, longe de manifestarem uma intenção menos correta ou menos agradável, antes representam a doce simplicidade com que uma criatura ingênua e bondosa se dirige a um amigo mais querido, fazendo-lhe interrogações e confidências que se não sabem ou se não devem fazer a todo o mundo.

E porque assim o penso, e porque vejo que seguem errado caminho, eu venho fazer amistosa correção à pouco discreta maneira de encaminharem as suas naturais aspirações de conhecer um pouco do infinitamente desconhecido.

Nem eu, nem ninguém aqui, pode responder, com verdade e de boa fé, a todas as perguntas que nos fizerem. Cada um de nós sabe só a parte limitadíssima que cabe na esfera dos seus conhecimentos individuais.

A onisciência ainda não atingiu este mundo. E' privilégio dos mestres daí, desde o mestre sapateiro, que filosofa sàbiamente sobre a existência de Deus, até o mestre em filosofias, que questiona argutamente com o sapateiro, a maneira de lhe tombear as botas.

Eu, por mim, confesso que nem talvez saiba o que presumo saber — que bem pouca coisa é, afinal.

Eu sei que aqui há quem se envaideça com a presunção de saber muito; e que aí há muito mais quem creia saber tudo, se não bem tudo o que lhe está ao alcance da mão, pelo menos tudo que constitui o destino do homem; mas não ofendo nenhum dos amigos queridos que me submeteram ao exame, supondo-os neste último e avantajado número.

E, entretanto, creio que alguns deles se veriam embaraçados e pouco lúcidos, para responder às mais comezinhas perguntas que eu lhes fizesse.

Imagina que de chofre perguntariam ao nosso H... como se cultiva um eido ou se fabricam ovos moles.

E' claro que a primeira resposta que a sua aflita ignorância lhe daria, seria a de mandar o indiscreto para um quinteiro e para as roliças doceiras de Aveiro. Se o não mandasse a outra parte...

Apesar desta racionalíssima observação, e mau grado à sua circunspecção habitual, pareceu-lhe corrente que eu devesse responder de pronto, e sem emperramentos, à inqueritoria que me faziam.

E milagre foi que a não fizessem à pequena que me antecedeu, porque, então, a criancita corria risco de apanhar umas orelhas de papel, se não dissesse, sem hesitação, se a alma do cão que gostava de música seria uma transmigração do divino Mozart ou se a porca que matava os filhos seria a vigésima encarnação do Saturno, que os comia.

Não lhe correria melhor o quarto de hora de ponto se lhe coubesse responder àquele outro, que queria para ali descrito, com toda a clareza, e em duas palhetadas, o que era Deus, onde estava e de que era feito!

Milhões de anos não têm bastado à pobre Humanidade para conjeturar, sequer, o que Ele será; e havia de ser eu quem, em síntese lucidíssima e em loquela de tribuno, havia de definir essa tremenda incógnita, que todo o espírito humano tem sido insuficiente para conceber.

Houve ainda outra acusação de peso, qualquer coisa como um monólito de lógica, ou como argumento primacial, exaustivo, arrumador. Foi a de que eu respondi terra a terra.

Esta é de respeito; e, para ser justo, devo confessar que representa, em eloquência, toda a de uma Universidade inteira, ainda que seja a nossa lusa Atenas, que em eloquência é o que há de mais superfino.

Se a resposta era terra a terra não podia ser minha. Eu já não sou da Terra, ergo, devia dar uma resposta céu-a-céu; cheia de coisas misteriosas, em linguagem de sibila, com palavras esquisitas, musicais, como deve ser o som de aragem que conduz, na vibratilidade do éter, os cantos dos anjos e dos querubins. Não era possível que fôsse eu quem viesse dizer, na depauperada linguagem humana, coisas que os daí sabiam já a deitar por fora.

Se fôsse eu, diria certamente com uma sutileza de argumentação capaz de despeitar de raiva o mais eloquente dos políticos portugueses, o que era Deus, o que era o Cosmos, e até o que era a Ursa Maior.

A não o saber dizer, não devia vir. Quando menos devia dar notícias da Ursa Maior, como próxima parenta minha, visto que, não respondendo ex-cátedra às sutilidades metafísicas que cada um se propunha enunciar, só mostrava, pela triste figura que fazia, pertencer à honrada e nobre família dos plantígrados, de que aquela luminosa constelação deve ser a primordial avoenga.

Disse um dos meus arguentes que, pelo que conhecia dos meus escritos, formava melhor conceito de mim, do que aquele que no momento se estava elaborando no seu cérebro.

A minha falta de competência no concurso de sábios a que, sem esperar, me sujeitei, infelicitou dois homens: — a mim, porque perdi um admirador, o que não é nada para desprezar numa época em que vão rareando tanto como o bom senso, e a ele, porque lhe desarrumou o cérebro, obrigando-o a renovar o mobiliário intelectual, no compartimento que amàvelmente me tinha cedido.

Corro, primeiramente, em defesa do meu crédito de homem ilustre, que é, afinal, o único patrimônio que daí me acompanhou, como cãozinho fiel; e quero ver também se acudo a tempo de evitar o trabalho fatigante, que se deve estar operando ainda na torre ideal do nosso pobre amigo desiludido.

Se bem que me pese, impõe-se-me a obrigação de ponderar, conselheiralmente, que, pelos conhecimentos que teria dos meus escritos, devia inferir naturalmente não ser a mim que se deviam fazer perguntas, que iriam lançar o pânico, o assombro, como toques da trombeta de Josafá, no cenáculo de todos os imortais franceses, que por aqui existem já em número respeitável, se lhe fôssem inesperadamente disparadas à queima-roupa.

Devia presumir que quem passou a vida terrena a tratar de futilidades e de bagatelas, em sutilezas de espírito, em burilar ligeirezas de frase, era o mais incompetente preletor para assunto que tem encanecido muito cérebro, e ensandecido muito sábio.

Seria a inversão da ordem natural das coisas. Seria como que interrogar um piedoso cura d'almas sobre os progressos da balística; ou perguntar como se pontoam meias ou como se educam filhos a uma decidida partidária do feminismo.

Querer ouvir-me sobre a raiz basilar de toda a metafísica universal, correspondia ao desejo de ouvir o Espírito de um asceta ou de um bonzo budista, sobre as delícias mundanescas de uma ceia de boêmios com lindas mulheres de sorrisos caros.

Seria interessante fazer a experiência, para se apreciar como tão sabedores e piedosos homens responderiam, sem emperramentos, a essas miríficas indagações.

Aconselha-os, porém (e sem levar nada pelo conselho, como generoso que se presa), a quando voltar o Pestana com as profundas dissertações sobre sugestão e quejandas bugiarias, o não interroguem sobre o assunto, de espiritual interesse, de como se enxertam videiras ou se cultivam cogumelos; e se por aí aparecer um Verdi, ou um Wagner ou semelhantes fazedores de sinfonias, sejam generosos com eles, não os obrigando a fazer triste figura em exames de como se fabricam assobios de louça das Caldas.

Há vulgarizada nesse mundo a falsa ideia de que a morte é um banho miraculoso, ao sair do qual se fica inteiramente sábio.

Parece às criaturas de raciocínio frouxo e juízo duvidosamente claro, que basta cair sobre a fedentinosa matéria, que aí nos serviu de casulo, algumas pazadas de terra gordurosa e negra, para que ante os nossos olhos predestinados se abra a torrente perene de todo o saber; e ao nosso intelecto, ainda emparvecido pela transição, acorram, como mosquitos à luz, todos os conhecimentos que pelo Universo e pelos Tempos correm esparsos por infindas gerações.

E se não correspondemos ao figurino que o atavismo religioso, em combinação simpática com umas perfunctórias noções das teorias espíritas criaram para nós, falando de tudo com perfeita desenvoltura, respondendo, com os ademanes graciosos e autorizados de charlatão emérito, aos enigmas sibilinos que da provida aljava da curiosidade nos arremessam, acusam-nos e criticam-nos, levantando intencionadas suspeições sobre a nossa identidade.

E' porque não correspondemos ao visionado tipo, que o idealismo neo-espírita engendrou para aqueles que deixarem as plagas verdes onde a cotovia canta?

E' porque não respondemos a tudo que nos perguntam em desenfastiado momento de superinvestigação?

Pois em boa verdade te digo eu, que podia dirigir daqui uma dezena de perguntas aos meus arguentes, sobre as mais triviais bagatelas de geral domínio público nesse alfobre de sábios, que eles se dariam a perros para me responderem a uma, simplesmente, para amostra da sua erudição.

Entretanto, são sabidíssimas vulgaridades que constituem patrimônico cabedal de conhecimentos de todo o mundo, e até meu.

E' verdade que podem objetar-me, em ares de triunfo, que ainda não conseguiram o direito à onimonidade de habilitações por falta de formatura na faculdade da Necrópole, onde é Minerva a Morte. E esta falta, que eu desejo se mantenha por bons e largos anos, se isso der prazer a quem nela encontre a desculpa perante espíritos menos exigentes, pode passar por uma razão.

Eu, porém, quando me dá para ser pontilhoso em exigências, não abandono o meu reduto aos primeiros disparos da argúcia ou da solércia dos meus arguentes.

Não se lhes exige o saber profundo das experiências, feito que o poeta máximo cantou. O que se pode perguntar será de uso charro, de mais que vulgar acepção, de uso diário do candidato a sábio.

Será sobre o que come, o que veste, o que vê.

Será a seu próprio respeito, a respeito das suas próprias mãos, que é, na frase de consagração popular, o que cada um melhor conhece — quando não sucede confundir, deploràvelmente, a esquerda com a direita.

Será acerca dos seus desejos, dos seus pensamentos, das suas radicadas opiniões — com exceção das políticas, porque a justiça me obriga a reconhecer que isso não é coisa decente que se possa perguntar a alguém, com probabilidade de resposta aceitável.

Ora, se sobre tudo que aqui enumerei já eu podia embaraçar a associação dos advogados de Lisboa — respeitabilíssima classe que, por dever de ofício, nada pode deixar sem resposta — também me parece ter o direito de ignorar alguma coisa do que por aqui existe, e que, pelo fato simples e corrente de ter já passado a raia da vida terrena, não me foi dado conhecer.

O que se apura de tudo, é que os nossos irmãos daí estão bem dentro da orientação lógica do modo de ver português.

Honra lhes seja, porque revelam, assim, o seu cunho tão firmemente nacional, como se fôssem respeitáveis patacos da Junta do Porto.

Em nossa terra, quando alguém manifesta uma aptidão especial que o distinga, por que consiga destaque, toda a gente o julga logo òtimamente prendado para tudo... menos para aquilo que a Natureza lhe deu queda.

Acharam aí que eu fui pessoa ilustre em méritos literários. (Não lhes discuto o gosto, por dever de cortesia.) Tinham a noção de que eu havia escrito coisas irônicas, feito críticas de forma bizarra, e (com um bocadinho de generosa boa vontade) por vezes cintilante, fazendo revolutear palavras, num esfuziante estrelejar de frases torturadas, vazias de sentimento, rebrilhantes de espírito, e supuseram-me logo com tiara para pontificar de duplex sobre Filosofia e Teologia, perscrutando, de passagem, o abismo da origem dos seres, na sua relação com as manifestações espirituais e evolucionistas da matéria animada.

Não me falaram sobre coisas de literatura de espírito, de crítica, de arte, e até de boêmia, em que me seria fácil discretear. Foram antes tocar o carrilhão sonoro e solene das grandes ocasiões, pretendendo que eu me revestisse de toda a gravidade dogmática e prelecionasse, em oração de «sapientia», sobre os problemas mais controvertidos que têm aflorado ao cérebro humano.

Não descontavam, sequer, a possibilidade de que eu não fôsse dos favorecidos por Calíope nos dons da eloquência, sendo assim uma exceção rara de aluvião cogumelesca de Cíceros com que Deus dotou a nossa terra.

O raciocínio era: — sabia escrever? devia saber falar.

Não teria sido um Demóstenes nesse mundo? Devia ser um S. Crisóstomo neste.

E daqui a sua surpresa, e a dúvida torturante nos espíritos bondosos daqueles nossos amigos, exteriorizada nas hesitantes reflxões que te fizeram.

Por sobre a admirada assembleia adejava, como num sonho mau, a negra asa da suspeita de que fôsse uma gralha vulgar de Lineu, que se estivesse enfeitando com as reluzentes penas do pavão Eça.

Não sei que gralha seria que eles visionassem no seu tímido receio. Se sobre ti caiu a desoladora suspeita, eu me envergonho e penitencio, de ter dado ensejo a que a minha claudicação, na verborreia metafísica, te fizesse suspeitado de voejares tão terra-a-terra como triste gralha desasada.

Ora, pois, paciência!

P. S. — Disse, em conversa contigo, o nosso bom H... que, durante a minha manifestação, pareceu distintamente revelarem-se duas individualidades, acentuadamente caracterizadas: — uma, que parecia ser eu, falando bem, com leveza, de intencionada ironia por vezes; e outra, sem brilho, arrastada, que emperrou logo que se lhe fêz a pergunta a respeito de Deus.

Ora, nessa tão simples e tão conceituosa apreciação,

consiste toda a verdade do fato e reside todo o fundamento do que ontem escrevi.

Era natural. Enquanto falava livremente de tudo que ao meu espírito era grato, ao meu gosto agradável e ao meu engenho fácil, eu mostrava-me tal como devia ser; desde, porém, que abordaram assuntos para que eu não tinha preparação alguma, e até que a minha perfeita negatividade para coisas pesadamente massudas repelia, ou tinha de fazer uma das duas coisas que fiz, ou ambas, como sucedeu.

Primeiro, escusar-me, amigável e delicadamente, de responder, por me não sentir bem, tratando de assunto tão severamente grave, só próprio a sábios metafísicos e a frades beneditinos, pela paciência e demorada persistência de que carecia a sua penetração estudiosa.

Devia bastar esta. Era clara e razoável. Não deviam insistir. Esperassem que outro viesse, a quem fôsse agradável o assunto, e a quem dariam um doce prazer espiritual, oferecendo-lhe aso para aventar hipóteses eruditas e profundos raciocínios ortodoxos.

A boa lógica devia dar-lhes a intuição de que nem todos sabem de tudo; e que a mim, Eça, devia ser tão difícil dizer coisa acertada e de jeito em filosofia transcendente, como pitadear largas dedadas de simonte. Consequência de temperamento, de educação artística, de meio, de caráter, e de uma infinidade de outras causas, que fazem sentir e pesar a sua influência tirânica no modo de ser de cada personalidade.

E depois, não há quem possa saber de tudo. Se houver quem se proponha a sábio em tudo, conseguirá ser em tudo simplesmente ignorante.

O que eu confessava francamente não poder fazer, outros o tentariam com delícia.

Há por aqui muitos padres mestres a quem seduz e encanta o tratar dessas coisas exóticas, que a ninguém aproveitam, senão como empírica satisfação à torturada e doentia curiosidade.

Esses acolheriam jubilosamente o ensejo de prelecionar sobre o «to be or not to be» do nevoento príncipe dinamarquês, e outras misteriosas cogitações do espírito humano; e, ao fim de muitos dizerem, regressariam contentes de si e dos interessados ouvintes...

Podia dar-se o caso de ficarem sem saber o que haviam dito, e os ouvintes atenciosos sem perceberem o que tinham ouvido, como pessoas que se deliciam com perfumes penetrantes sem lhes conhecer a composição.

E talvez desta própria ignorância tirassem maior satisfação; porque o que mais nos prende e encanta é a atração do desconhecido, do maravilhoso; e o que mais nos envaidece e orgulha é o simularmos conhecer òtimamente aquilo de que nada percebemos.

Mas não quiseram atender-me, nem esperar por melhor sermoneiro. Parece que tinham a peito o propósito não só de não se satisfazerem com a confissão da minha pobre ignorância, como de compelirem-me a exemplificá-la desastradamente; e, por isso, apresentaram à minha inesperta decifração o enigma máximo que pode preocupar toda a Humanidade, salva a honrosa exceção daqueles que o suprimiram dos seus cuidados pelo extermínio puro e radical de Deus.

As perguntas eram feitas de maneira hesitante, sem a concretização sintèticamente definida, necessária a um teorema de tal magnitude; e as apreciações das minhas respostas, as dúvidas sugeridas, comentadas, num ciciar de palavras, numa incredulidade de gestos, que, se me não irritavam, pela minha natural negação à irritabilidade, me predispunham mal para seguir lùcidamente, serenamente, numa discussão em que só eu, com toda a evidência, se encontrava em manifesta inferioridade.

E a propósito, relevem-me que lhes dê um conselho. Eu sei que conselhos é coisa que toda a gente dá generosamente, porque não custam dinheiro; e que se arrisca a não receber em câmbio boa retribuição quem se mete a dá-los sem lhos pedirem; mas não seria eu da terra amável dos conselheiros se, de vez em quando, não fizesse parte desta enorme legião, sem mesmo ter recebido a desvanecedora carta.

Como conheço, porém, aquele sábio axioma português, ensinador de que ainda que se «seja prudente e velho se não despreze conselho», sempre o vou dando.

Se como tal o não quiserem aceitar, recebam-no à conta de amistosa lembrança minha, e não ficarão muito mal com ela.

Em sessões, durante a manifestação de qualquer de nós, não devem segredar. Ou calados, ou a falarem de modo que todos ouçam.

O motivo da lembrança é de óbvia percepção.

Nós, ao encarnarmos (1) temporàriamente nos médiuns, limitamos as nossas faculdades às deles. Ouvimos quase sempre pelos seus ouvidos, e quase sempre vimos pelos seus olhos.

Quando encarnamos (1) e não quando nos comunicamos, distinga-se. A encarnação (2) é a integração no «eu» material do médium, suplantando, na maioria dos casos, até completa absorpção, a sua personalidade; substituindo, para todos os efeitos, a sua pela nossa idiossincrasia, e utilizando-lhes, juntamente com os nossos, os seus conhecimentos e as suas qualidades. Mas, se por um lado nos apropriamos de atributos de que no estado livre estamos despojados, por outro lado perdemos a acuidade e a perceptibilidade, que possuímos em liberdade plena e desligados de opacidade carnal; e, muitas vezes, parte da nossa memória e dos nossos conhecimentos.

Tendo quase todas as nossas faculdades adstritas às dos médiuns, sucede, em casos especiais, que mesmo apesar da nossa posse integral da sua matéria, e talvez por isso mesmo, somos sujeitos às suas susceptibilidades, às suas virtudes como aos seus defeitos.

A nossa ação fica fronteirada pela deles, e aos deles jungidos os nossos pensamentos e o nosso querer. Sentimos o que eles sentem; e o que a eles é feito, ou se reflete em nós ou em nós se percute e dói.

Só lhes concedendo a liberdade a retomamos para nós, e nos libertamos do provável influxo que sobre nós possam exercer.

Assim, pois, quando além da possível restrição das

---

(1) Incorporarmos. — *(Nota da Editora.)*

(2) Incorporação. — *(Nota da Editora.)*

nossas habituais faculdades, nos sentimos, constrangidamente, em uma atmosfera, senão de hostilidade, pelo menos de dúvida, essas faculdades ainda mais se retraem, pela reação involuntária do meio, e tornamo-nos fàcilmente impressionáveis e suscetíveis, de um melindre de sensitiva, ou de um embezerramento de calouro.

Neste estado podemos dizer ou fazer coisas, que a reflexão das horas serenas desaprovará, mas que já não pode evitar, nem porventura remediar.

Quanto a mim, o fato entre nós passado, medìocremente me incomodou.

Conheço todos aqueles com quem conversava; e quando, em caso diverso, a situação me desagrade, abandono-a, e liquido assim súbita e voluntàriamente o incidente que tenda a perturbar a serenidade docemente olímpica, em que quero manter a minha vida aqui.

Mas podia dar-se com outro mais irritável, mais fogoso, em que nem a prudência nem o juízo raie sempre pelos limites da conveniência, e ocasionar sensaboria grave.

Quando a menor, a de o fazer sentir desagradàvelmente.

De tudo que deixo dito, devem concluir: — Que como princípio geral a observar, nas vossas investigações, só vos deveis guiar por fins altamente justos, e interesses de séria utilidade geral, ou de particular conveniência ao vosso progresso espiritual, criando e mantendo um carinhoso ambiente de simpatia e de atração para com os vossos amigos que daqui vos procurarem, ou de quem soliciteis a comparência.

Que as perguntas se devem fazer segundo a capacidade sapiente que, para versar o assunto, seja justamente esperável no Espírito que se manifeste. Que se aquele a quem são feitas se mostrar, por qualquer modo, incapaz de lhes responder, ou deixar perceber que o motivo delas lhes é penoso ou desagradável, não deveis, no uso de uma amabilidade gentil ou de sábia prudência, insistir mais. Que um Espírito encarnado em qualquer médium é, temporàriamente, como um de vós outros, e em situação pior,por não poder sentir-se na posse plena da liberdade de pensar, de responder e trabalhar; finalmente, que se em espírito e no estado livre continuamos a ser o mesmo amontoado de virtudes e de defeitos, em correção perene, que aí fomos, no estado especial de encarnação temos ainda a mais a possibilidade de melhor podermos fazer sentir qualquer ato de condenável irritabilidade e maldade nossa, que seja aí duramente experimentado, e de que devem cautelosamente percarver-se sempre.

Lisboa, 30 de Novembro de 1907.

EÇA DE QUEIROZ.

XVI

O panorama de todos

Com a maioria das pessoas a quem é dado apreciar os nossos escritos, e até contigo mesmo, dá-se um fato singular: o de estranharem que nós agora tenhamos modos de ver, de sentir e de dizer, diversos dos que nesse mundo tínhamos, quando por aí arrastávamos o pedaço de matéria gordurosa que nos prendia à Terra.

Reflitam porém. Dêem algum trabalho ao cérebro. Desemperrem um pouco o raciocínio, e verão que essa estranheza não tem razão de existir...

Em boa lógica não se pode esperar que sejamos inteiramente, uniformemente, o mesmo que aí fomos.

Ninguém, de sã razão, deve buscar no que dizemos senão o traço característico que defina a nossa psicologia, e ver se ele é a sequência natural da nossa individualidade conhecida, com o coeficiente de correção que a mudança de situação há-de ocasionar.

Pode encontrar-se nos modos peculiares de dizer, nas linhas gerais, no arcabouço do nosso pensamento, a silhueta ou a imagem mais ou menos nítida da nossa individualidade vulgarizada; mas essa silhueta há-de afetar modalidades novas, dar a ilusão de vestir outras roupagens, e, destacando-se no fundo nebuloso do mistério, esboçar a aresta viva de uma caricatura do que fomos, ou o relevo alinhado de um «biscuit» de Sèvres, do que nos supuseram, conforme a luz que nos recorte a figura.

O que quase nunca pode aparecer é a reprodução fotográfica do nosso modo de ser terreno.

E' um fato natural, e uma consequência precisa do nosso desligamento da Terra.

A nossa vinda para aqui liberta-nos das suas exigências e priva-nos dos seus encantos. Destrói o que de comum nos prendia. Dissolve os laços de interesse que nos unia a ela, e desloca o ponto visual da nossa apreciação. Modifica o tom cromático da nossa retina, e altera a escala sensível da nossa apreciação, da nossa crítica e de nosso afeto.

Assim, nós perdemos o interesse imediato e permanente que nos integrava na Terra; ela, com o nosso afastamento, perde para nós todo o interesse, que a fazia comum à nossa vida orgânica e à nossa vida espiritual. Com a nossa devolução da carcaça que ela nos emprestou, quebramos as obrigações materiais que com ela tínhamos contraído, e ficamos só nas relações de afeto que para nós pode representar o bem ou o mal que dela recebemos, ou de que a ela fizemos mercê.

Em nossa vida nova, a Terra entra só como uma recordação.

No mais é-nos pouco menos que indiferente.

As suas belezas perderam o encanto; as suas vaidades o interesse; os seus esplendores a grandeza; os seus afetos a emoção; e até os seus vícios perdem o apetecimento e a sutilidade capitosa da tentação, como as rosas perdem a frescura e a beleza, cortadas da haste que as criou.

E' a consequência natural da diversidade do plano em que nos encontramos. Esta diferença é ainda tão infinitamente apreciaável quanto infinitamente divergentes são as situações e as distâncias a que cada um se encontre da vida terrena.

A vida aqui vai desde o dar-nos a impressão da continuidade, quase integral, da vida que aí se deixou, até o afastamento instantâneo, brusco e quase absoluto, dessa mesma vida.

Em qualquer dos casos, porém, as manifestações reais da vida espiritual, e a sensibilidade física e moral do novo modo de ser, são singularmente diversas e estranhas das que aí conhecemos.

Para muitas pessoas estão em artística antítese ou

em simétrica dissemelhança com as que sentiram nesse mundo.

Só um fio de saudade, de curiosidade, ou ainda de abnegação ou de amor, as pode ligar à Terra, como elástica prisão que permite o seu afastamento ou a sua aproximação, segundo o grau do sentimento que a ela as atrai ou dela as repele.

E' ainda este sentimento que as faz mergulhar a vista aí, como a feminil curiosidade nos pode levar a debruçar à beira de uma caverna escura, ou a aflição nos pode suspender nas escarpadas rochas do oceano, a ver, no marulhar, as ondas revoltas que cachoam junto à base granítica da penedia, envolvendo nos seus frocos pessoas amigas que nelas se possam debater.

Há ainda, às vezes, outro motivo que acicata a nossa vontade e nos obriga a espreitar e a gritar para aí, como a roseta da espora firme de um cavaleiro acicata o corsel para o fazer galgar o obstáculo: — E' o remorso.

O desgraçado, cavalgado por ele, como o rocim montado pelo picador, sente nos flancos a cravagem do seu agudo espinho, e, quer queira quer não, há-de saltar a vala e ir, rojado e aflito, cantar o salmo: **«Poenitet me peccatum»**.

Quanto a mim não sei bem o que me trouxe a debruçar sobre esse formigueiro de ruim espécie. Talvez todos os motivos que indiquei, talvez nenhum.

Mas de mim... não há interesse em falar.

O que pode despertar o interesse é conhecer as causas que dão, para aí, a impressão sensível da nossa mudança, a ponto de autorizar a dúvida sobre a nossa existência, as causas que aí podem influir na orientação de cada um, e a relação de influência que essa orientação possa ter no futuro espiritual de cada indivíduo.

Não quero apreciar, por demasiadamente debatida, a circunstância de nos não podermos revelar, por intermédio da pessoa estranha que nos serve de meio, como realmente e inteiramente éramos quando agíamos sob a nossa exclusiva vontade, e nos deixávamos guiar por impressões só nossas, coadas só pelo nosso cérebro, moldadas só pelo nosso pensamento, acionadas só pelo nosso querer; enfim, quando éramos só genuìnamente nós, sem mistura, sem enxerto. O que quero é deixar ver algumas das influências, que podem preponderar sobre os que daí saíram pela porta do cemitério, para que deixem de pensar e apreciar como o faziam quando aí estavam ainda.

Há por aqui individualidades para quem a Terra foi cruel madrasta. Essas, só de pensarem nela, são tomadas das lendárias sensações do Inferno. E' que, para elas, essa bola parda que gira incessantemente no espaço, não é só um composto de matéria sólida, onde se criam flores, e líquida, onde se geram pérolas. E' antes um agregado mole das duas partes, um paul, um tremedal pestilento, onde os míseros se atolaram ao nascer, onde se debateram, onde sofreram, e de onde só saíram, arrancados pelo braço, romànticamente esquelético, da Morte.

Para esses, a lembrança da descaroável mãe, é a evocação trágica de um pesadelo. Não lhes dá saudade nem nostalgia.

Dá-lhes pavor.

Só hão-de fugir dela, dizer-lhe mal, fazer-lhe figas; e tirar-lhe-iam o eixo das colunas de Hércules, se tivessem a alavanca do famoso geômetra siracusano, para a fazerem rolar por aí fora, sem destino, sem fim, como pedra despedida da crista de uma montanha, para um abismo desconhecido.

Na impossibilidade de o fazerem, se vêm aqui ou por aqui se conservam, satisfazem-se em dizer todo o mal que sabem e em fazer todo o mal que podem.

Para outros foi ela lugar de encantos, ninhos de amores, qualquer coisa de bucólico como uma pintura antiga, de ingênuo, de simples, como uma cena pastoril.

Esses foram os felizes.

Não tiveram a bílis a amargar-lhe os lábios, a fome a esgarçar-lhe o estômago, o pesadelo a perturbar-lhe o sono nem o desespero a retardar-lhe a digestão.

Tudo lhes sorriu. Tudo, na sua trajetória suave,

lhes deslizou tranquilo, até ao papo insaciável: — gozos, amores, saúde.

Foram os privilegiados, os amantes da Sorte.

Não travaram relações com a garra recurvada da Dor, nem viram morrer, uma a uma, as grandes ilusões que douram o arrebol da vida, e que o Desengano, coveiro trágico do grande cemitério do Destino, vai enterrando, pachorrentamente, na cova da amargura, e com elas os pedaços, retalhados ao vivo, da alma desse mundo.

Não correram, loucos, pela montanha da vida acima, de cabeça no ar, olhos fitos numa miragem enganadora, que lhes fugia sorrindo, encantando-os, prendendo-os nos tênues fios da sua teia de ouro e rosa da Fada oriental, ao mesmo tempo que laceravam os pés descalços nos espinhos agudos que lhes atapetava o solo árido e pedregoso.

Não conheceram da vida senão o Dia, a Luz, a Carícia.

A Noite, o Escuro, o Tormento, foram coisas desconhecidas, geenas da Pena, onde nunca entraram para sentir o calafrio do Medo, nem para estenderem linha protetora a libertar alguém.

Da Terra só trazem saudades; na Terra só deixaram amores. Se dela falarem, será com ternura, e tão grande e tão intensa será, quão triste possa ser o lugar em que a equitativa distribuição da Justiça imanente os tenha lançado, depois dessa deliciosa carreira pelas campinas do Egoísmo e da Alegria.

Há os que sentem indiferença pelo que se passa aí; há os que sentem tédio; e não raros são aqueles que confessam um pouco de gratidão ou um nadinha de saudade, como um glutão lambe gulosamente os beiços ao recordar opíparo banquete luculiano. Todas essas impressões são a resultante do modo como cada qual atravessou a vida no mundo. Conservam a nota vívida da sensação que mais fortemente os dominou, em destaque e em contraste com a que os domina no momento em que se manifestarem.

Foi feliz e já não o é?

Dedilhará na lira da angústia uns trenos de saudade pela vida que deixou, e umas nênias de dor, melancólica ou desesperada, pela que arrasta agora por esse infinito além, como férrea calceta chumbada ao artelho descarnado.

Fêz aí a travessia sob desfeito temporal, e veio ancorar aqui, numa enseada azul, ruborenta de luz, em batel dourado, balouçando-se como gaivota branca em água tranquila?

Da Terra só terá recordações sombrias, de travor esquisito, repulsivo.

Como esses que aí se conheceram resignadamente desgraçados, só dirão, para aí, coisas inconcebìvelmente felizes, os patifes, que aí foram felizes, a quem a vida deslizou serena como um pingo d'água por sobre uma superfície gordurosa, ao encontrarem-se da banda de aquém, ao sentirem-se amarfanhados pela Dor, vergastados pelo remorso, aguilhoados pela aflição de terem feito mal, e roídos pela raiva de aí terem de deixar tudo que lhes deu gozo, e o gozo que lhes iluminou àlacremente a vida, só terão lamentos e maldições, que em nada se podem casar com a face despreocupada que se lhes conhecia.

Porque os característicos variaram, com a situação, hão-de negar-lhes a identidade?

Cantavam e riam enquanto se sentiam balouçar nas asas da Fortuna, como o pássaro canta balouçando-se no ramo florido da amendoeira; blasfemam e gritam quando estrebucham, presos, na garra adunca da Adversidade.

Não é isso situação nova nem inesperada; e corre até, com ressaibos de filosofia popular, na conceituosa fábula de La Fontaine. Cantaram? Pois dançam agora. Tal e qual com os que dançaram, poderão agora cantar. Isto é natural. A vossa filáucia, porém, como não pode aperceber num voo célere da imaginação pachorrenta, todas as nuances do sentimento que a nova modalidade da vida espiritual ocasiona, prefere negar a nossa existência a ter de confessar a sua inópia, e de dar-se ao trabalho de profundar o horizonte, que a janela que lhe abrimos lhe depara para o Infinito.

O que passou aí a vida a rir, há-de rir sempre; o que a passou aflito, há-de gemer pela eternidade além. Se não aparecerem a rir, como a Maria Rita, nem a chorar como uma carpideira, é porque não são as entidades que conheceram risonhamente alegres como um parvo, ou desconsoladoramente tristes como um gato pingado.

Pois quem raciocina assim, pode gabar-se de que fará a desesperadora inveja ao mais atilado asno.

Então porque a vossa ignorância não conheça de pronto a lógica da situação, há-de ser simplesmente o que vós pensais, e não o que realmente é? Quem pode presumir-se tanto que não admita coisa alguma fora do raio dos seus conhecimentos?

Tudo que cada indivíduo não conhece deixa de existir?

Não, seguramente, não. Nem toda a vaidade, nem toda a estultícia do homem lhes podem dar enchanças para tanto, e o que as tomar será um tolo, e com tolos Deus me livre de argumentar.

É, pelo menos, ridícula, a preocupação frívola que têm com os cambiantes, que cada um de nós apresenta dentro do seu novo modo de ser.

Com a vinda daí, entra-se em uma fase nova da nossa existência.

Não podemos reproduzir o clichê da vida que aí deixamos; como aí mesmo, em cada etapa da nossa existência, mudamos incessantemente de aspectos e de sentimentos.

O móbil que em cada momento determina uma ação do homem, é diverso daquele que determinou a ação anterior, como diferirá profundamente do que provocará a ação seguinte.

Na vida, como na Natureza, as coisas têm uma assimetria característica; têm um maquinismo próprio, por vezes imperceptível, por vezes anguloso e frisante.

As impressões subjetivas, como as impressões objetivas, são a cada instante do tempo novas no indivíduo, artìsticamente desiguais, num aparente desalinho; mas realmente ligadas todas por um fio imperceptível como um pêlo de dromedário, que as prende na sua aparente desconexidade, e que as junge a nós, como um rico fio de seda branca prende um punhado de deliciosas pérolas, ao colo alvíssimo de linda e grácil mulher.

Aqui, como aí, vemos tudo a cada momento por um prisma novo. Vemos mais claro ou mais escuro; vemos de mais tranquilo humor ou de mais bilienta catadura; mas o que não vemos é igualmente, em todos os instantes da nossa vida.

O mesmo fato ou a mesma pessoa produz em nós cambiantes variadíssimos de impressão. Ferem a nossa retina moral consoante a sensibilidade em que a nossa alma se encontra.

As coisas oferecem sempre um aspecto novo, segundo a face por que se examinem; imprimem a sua imagem conforme a lente por que se objetivem, destacam-se do quadro geral em que se emoldurem, segundo a distância a que se focam, e à medida do grau de instrução, de educação e de perfectibilidade artística ou espiritual de quem as objetiva ou de quem as aprecia.

Os sentimentos da alma têm, também, sempre uma fórmula nova para se exteriorizarem. Expomo-los, consoante nos impressionam e dominam, e segundo o efeito que da exposição pretendemos tirar.

Vestem-se, arrebicam-se ou abandonam-se, segundo a situação em que nos encontramos ou a causa por que os manifestamos.

Uma gentil mulher não se alinda do mesmo modo para o homem a quem ama, e para aquele que lhe é indiferente; nem se veste para frequentar uma «soirée», onde as luzes mordiscam sensualmente o seu colo nu, os seus brilhantes de fogo, as suas sedas brancas e as suas rendas de Bruxelas, como para fazer visitas de nojo, em que tem de exteriorizar a piedade convencional, e as mágoas doridas e lacrimosas, que o bom tom manda simular.

Tudo no Universo tem valor relativo. Isto parece do meu Acácio, mas é verdade. Mesmo porque o meu Acácio não era outra coisa senão a criação humanada das verdades consagradas.

E sendo uma verdade a relatividade do valor, não

será motivo para admiração que acontecimentos e sensações que nesse mundo têm foros de questão magna, que fazem derruir tronos, subverter reputações, esmagar vidas, desligar amizades, fomentar ódios, e aniquilar amores, na sua relatividade não passem de sublimes banalidades, fragílimas maravalhas, frívolas insignificâncias, que a vaidade, o orgulho, a toleima, inventaram, e engrandeceram; não merecendo para nós, sequer, o sorriso de desdém com que sublinhamos as coisas ínfimas e desprezíveis.

A contrapor, há fatos que aí passam despercebidos e desapercebidos, como minúsculos grãos de areia que uma formiga carreja, e que para aqui se avolumam, numa projeção de assombro, que maravilha e que aterra.

Sendo assim deve compreender-se, sem esforço, a mudança natural do meu modo de ver e de sentir.

As banalidades e as minudências, que constituíram o «processus» do meu trabalho, não têm mais razão de existir.

Enquanto aí estive, amava-o. Era o produto do meio em que vivia. Não conhecia melhor, nem concebia que o houvesse. Era também um meio que adotei, que amoldei à minha psicologia, para atingir um fim obsessor: — o de dar a impressão da verdade em tudo.

Não podia, realmente, alhear-me daquela maneira. Era do meu temperamento, integrava-se no meu caráter, e constituía um instrumento indispensável à minha lavoura para arar o terreno que cultivava.

Aí, em todos os trabalhos, o artífice, o laborador, escolhe o objeto de ferramenta, segundo a obra em que se ocupa, e segundo a situação dessa obra.

O escultor, antes de burilar, desbasta; o carpinteiro, antes de acepilhar, serra e amachada; o lavrador, antes de semear, cava ou arada, destorroa e grada. E essas operações fazem-se ainda segundo a qualidade da matéria sujeita à operação.

O escultor não lavra mármore de Carrara como lavra a pedra de Aljubarrota; o marceneiro não trabalha o pau rosa como trabalha a faia; e o cavador não arroteia a argila, como arroteia os paúis ou os terrenos arenosos.

As sementes e as plantas para as vertentes dos montes são diversas das que se hão-de empregar nas vastas planícies regadias.

Tudo que aí indica mutabilidade de situações, exige mutabilidade de processos a empregar, segundo as variantes dessas situações.

Porque amaneirava o meu ponto de vista, limitado a uma zona restrita e pequena, hei-de continuar a amaneirá-lo, agora que a zona de observação se ampliou enormemente?

Hoje que todo o mundo é um ponto insignificante para mim, tenho que dizer dele consoante o modo relativo da minha apreciação.

Todas as coisas sujeitas à nossa crítica estão sujeitas à transformação evolucionadora do nosso modo de ver; como até nós próprios estamos fatalmente ligados ao rebolo colossal dessa transformação. As carnes, os tecidos, as cartilagens, desagregam-se, transformam-se, renovam-se, como se renovam, transformam e desagregam os afetos, os sentimentos, e a inteligência, na evolução perene do nosso organismo e do nosso espírito.

As emoções de hoje são diversas das de ontem. Não podem cristalizar num ambiente em que tudo é efêmero, passageiro e renovável.

Na vida, tudo são impressões; e cada coisa tem uma sensação diversa, e própria à oportunidade em que a topamos. O mesmo fato não tem nunca dois aspectos nem duas sensações iguais, e importam-nos conforme a intensidade com que nos fazem vibrar.

Não têm valor próprio, intrìnsecamente fixo. Oscilam ao sabor do estado d'alma com que os julgamos, e valorizam-se com a importância que a nossa sensibilidade moral ou física lhes empresta. São causas emocionais, fortuitas, de circunstância.

Subjugam-nos e dominam-nos, segundo a situação em que nos encontramos, ou em que nos surpreendem. Se sairmos dessa situação, fugimos ao foco da incidência; e com o cambiar-se de situação muda-se de intensidade e de profundeza na impressão que nos dominava e agitava, como a um objeto que sai da incidência da luz se modifica o aspecto.

Tudo se substitui como um dia se substitui a outro, uma onda a outra onda. Tudo que supomos intransformável e eterno será velho e decaído, passado algum tempo sobre a oportunidade em que assim o consideramos.

Toda dor se dilui, toda virtude se aperfeiçoa.

A dor eterna, o amor eterno, são frases vãs, de romantismo piegas, conquanto representem, para nós, verdades matemáticas, quando somos presa de qualquer daquelas despóticas sensações.

A sua modificação faz-se insensìvelmente, dando, entretanto, à nossa apreciação desprevenida, a impressão de estabilidade.

E' como a água corrente em um regato, que se nos afigura ser sempre a mesma.

A verdade, porém, é que a vida é a imagem, em grande, dos pequenos quadros de uma fita animatográfica. Quadros novos, desiguais entre si, reproduzindo situações diversas; mas corridos suavemente, isocrônicamente, ante a nossa vista atenta dão a ilusão da unidade e da uniformidade completa.

Todos os fatos da vida, ainda que desiguais entre si, conservam uma ligação misteriosa, mas inegável, que os prende, fazendo que uns sejam o seguimento lógico dos outros, sem se chocarem, sem se misturarem, sem se destruírem, sempre orientados, espontâneamente orientados, no sentido ascensional do aperfeiçoamento.

Na vida dos povos é a História que regista as manifestações desse fenômeno natural; na vida das pessoas é a memória que as regista e prende, dando-lhe nuances próprias da emoção que nos despertou.

A essas emoções descobriu a linguagem humana definição que as distingue; e a todas enquadrou em dois grandes sentimentos: — o de saudade, se foram boas; o de remorso, se foram más. Emoção nenhuma deixa de gravar o seu hieróglifo misterioso na faculdade retentiva, que oportunamente reproduzirá o seu respectivo efeito, como a gravura no cilindro ceroso de um fonógrafo reproduz o som que lhe corresponde, no momento em que é posto em vibração. Nós passamos a vida a receber impressões e a transmiti-las, como a superfície de um espelho a receber e a refletir a imagem que apreende. As impressões são sempre novas, porque são sempre diversas. Assim em cada estádio nosso, como em cada momento e em cada local em que nos encontramos, possuímos modos de ser, de ver e de pensar apropriados e singulares. Criamos insistentemente hábitos, necessidades e afetos ou desafetos novos, que vêm substituir aqueles que vamos abandonando, como as folhas das árvores vêm renovando todos os anos aquelas que o outono arranca.

Por esta lei nascem em nós amizades e afinidades novas, que têm a sua oportunidade, o seu esplendor; que atingem a um máximo de ressonância e de intensidade, para declinarem em seguida, dando lugar a outras, e que vão deixando um rasto luminoso na nossa vida como a espuma alvinitente da onda desfeita fica assinalando, no verde cerúleo do mar, a passagem da onda que cedeu o lugar à que se vai desenrolando.

Todas se completam entre si, como as tintas vivas de um quadro se completam com o esfumado dos fundos, o esbatido dos contornos; ou como as notas vibrantes da música se completam com a ressonância acústica das notas anteriores e com o som dos instrumentos diversos, formando assim a verdade no quadro e a harmonia na partitura.

Querer-se aí que mantenhamos sempre as mesmas modalidades terrenas, as mesmas preocupações, os mesmos sentimentos, seria exigir o impossível, por antagônico à instabilidade geral. Não se pode, razoàvelmente, esperar que quem nasceu e viveu em um casal perdido na vertente do Marão, ou em cabana, trescalando a peixe podre, na Póvoa do Varzim, pense e proceda como aqueles que passam a vida nos salões dourados de uma corte, os que doutamente discutem nos areópagos acadêmicos.

A sabedoria universal — uma espécie de conselheiro Acácio em grande — já concretizou a verdade desse impossível em muitos dos seus provérbios, máximas e sentenças, que correm como pandectas, e em que se estabeleceu a regra de que cada um tem de viver segundo a sua categoria intelectual, social e física, e tem de pensar e agir conforme o meio e o momento em que se encontra, para não constituir um elemento perturbador, que o equilíbrio necessário das coisas tenha de eliminar ou repelir.

Um míope não verá longe, um desassisado não pensará bem, e um coxo não correrá como quem tenha pernas ágeis.

Certamente, quem estiver na Polinésia, ou no Alto Nilo, não discernirá nem falará como quem seja nado e criado nas camadas ilustradas dos grandes focos da Civilização; assim como quem vir os manipansos das tribos africanas, e os ossos de rangífer trabalhados pelos hotentotes, não há-de extasiar-se, como o poderá fazer diante da Vênus de Milo, ou da Catedral de Colônia.

Podem admirar-se os manipansos e os batuques cafreanos enquanto ao espírito culto do observador se não depararem as manifestações brilhantes da arte e da inspiração civilizada, na sua riqueza, na sua pujança, na sua infinita modalidade.

Desde que estas se vejam e se admirem, aquelas coisas, que eram belas no meio em que se produziram, serão naturalmente relegadas à categoria de simples recordações, pontos de referência em nossa captação memorativa, que terão valor real ou estimativo, conforme a época da nossa vida em que se nos deparam, ou o fato emotivo que evoquem à nossa lembrança e à nossa sensibilidade.

Serão sinais que vamos espalhando pelo nosso passado, para, pelo grau de relatividade na escala da nossa apreciação, aquilatarmos e medirmos o grau de avanço em nosso cultivo artístico, e em nossa sensibilidade espiritual, como os marcos espalhados pelos terrenos servem ao agrimensor para conhecer as medidas que efetua, e as distâncias que percorre.

A um aldeão pode parecer que a mais radiosa manifestação da arte se fixasse na vetusta e anti-estética igreja de seu vilório; que os mais belos e primorosos encantos da mulher se resumam na tostada cachopa dos seus sonhos; e que a suprema idealização da beleza natural se ostente nas flores e nas árvores que cultiva no seu horto; mas se Deus o dotou com um vislumbre de gosto, há-de achar tudo isso pobre e simples, um tanto ou quanto mesquinho e ridículo, quando seja posto em face de qualquer catedral modestamente artística, possa transpor a entrada do camarim de qualquer dançarina de café concerto, ou lhe seja dado admirar os jardins pretensiosos de qualquer brasileiro minhoto.

Não falará mais das primeiras causas da sua admiração. Não voltarão a merecer-lhe mais que a saudosa lembrança devida às emoções que lhe fizeram sentir, e a grata recordação das primeiras palpitações na sua escala admirativa.

E se o seu espírito avançar pela larga e alfombrada alameda do progredir, há-de elevar-se também a sua faculdade de apreciação, corrigir-se o seu modo de pensar e de dizer; e as referências que fizer ao que admira e ao que admirou hão-de ressentir-se fundamentalmente do estado de aperfeiçoamento a que tiver atingido.

Nas suas descrições há-de sentir-se o sopro vivificante e quente do entusiasmo pelo belo, ou a frieza gélida e desaprovadora pelo que é ínfimo.

Há-de pôr em tudo um frêmito de verdade, um cunho da segurança individual do seu saber, que destoará do seu primitivo modo de apreciar, ingênuo e boçal.

E porque essa transformação se operou, como consequência forçada e lógica do seu trabalho, ou, quando menos, como emergente sequência da sua nova situação, e dos novos pontos de vista a que é levado a sujeitar-se, hão-de os seus antigos companheiros desconhecê-lo, se ele de novo voltar à sua aldeia, e lhes falar do que eles ignoram — que é tudo que vai pelo mundo além da sombra projetada pelo campanário inestético da sua matriz?

Para esses companheiros a vida cristalizou nas regras de sociologia patriarcal em que, de há séculos, se regula o modo de ser da sua comunidade.

As exigências modernas, as descobertas científicas, toda essa multitude de acontecimentos que a evolução mundial vem desenrolando desde sempre, estão interditas à sua aldeia, como a um exército sitiante está defesa a cidadela sitiada; e só o raciocínio curto do pobre labroste aldeão poderá negar a evidência do que se passa além dos limites de seu conhecimento, como o raciocínio do preto nascido e medrado nos sertões secos e ínvios, negava a existência dos peixes, por viverem dentro da água, onde ele não poderia respirar.

Não se deve condescender em que os seus amigos de infância, companheiros de futilidades e de bagatelas, porque ficaram incrustados num meio restrito, como uma ostra presa a uma rocha, possam julgar-se com direito a exigir que o seu antigo e agora intelectualmente distanciado companheiro, veja com os mesmos olhos admirados aquilo que eles ainda admiram e amam.

Não se deve permitir que eles, porque não se desprenderam do torrão onde vegetam, neguem a amplidão do mundo, como não poderia justificar-se que o molusco, aderente afincadamente à pedra, pensasse que a vastidão dos mares se limitava à água necessária em que o seu apoio mergulha.

Ninguém, razoàvelmente, podia admitir semelhantes desconchavos.

Como há-de querer-se, pois, que nós, para quem o mundo representa já a sertaneja aldeola, ou a pedra rugosa em que o marisco vive, pensemos, apreciemos e discernamos, conforme o fazíamos quando essa aldeia era por nós considerada como o que de melhor podia existir para a nossa vista e para o nosso amor?

Como há-de querer-se que os nossos escritos traduzam ideias ingênitamente ligadas a fatos e a preconceitos, que só vivem e só se multiplicam e valorizam no ambiente que já nos é alheio, e a que só eventualmente nos podem ligar assuntos espirituais, naturalmente inconciliáveis com as preocupações relesmente materiais, que aí dominam e esmagam a maior parte das pessoas?

Há ainda outra objeção, que triunfalmente nos opõem: — a de que não pensando nós agora igualmente ao que pensávamos quando daí éramos, e dizendo vivermos uma vida intrìnsecamente oposta à que aí se vive, não explicamos, entretanto, o que de fato presentemente somos, nem contamos, cuscuvilheiramente, o que aqui se passa.

Aqui, vive-se, trabalha-se, sofre-se e ama-se. Há encantos, há ilusões, há desgostos como aí. A diferença consiste em que tudo se passa por modo adequado ao meio em que cada um vive, cujos cambiantes são infinitos. Aqui, como aí. O observador atento vai encontrar aí mesmo, de povoação para povoação, de indivíduo para indivíduo, radicais alterações no modo de viver, de amar, de sofrer, de pensar e de dizer.

Querem descrições daqui? Não lhas podemos dar. A palavra foi construída pelo homem para definir as ideias do meio em que ele se encontra. A cada uma corresponde a ideia que lhe é própria e para que ela foi criada.

Não podemos, pois, exprimir pela linguagem terrena fatos e ideias com que a Terra nada tem, e que à Terra seriam inteiramente incompreensíveis.

Deixem que amenize um pouco a aridez do que venho dizendo, com um exemplo fàcilmente encontrável aí.

Ora vejamos.

Escolhamos uma recôndita aldeola, que cada um colocará ao sabor da sua simpatia ou da sua fantasia; e procuremos nela uma personagem, a quem, para dar-nos estado civil e idoneidade real, batizaremos em Eusébio.

Filho de pais humildes, que, a poder de privações, labutas e canseiras, conseguiram juntar a um canto da arca, ou escondido no velho colchão da cama, segundo o desconfiado costume dos campônios, um saquitel com libras, comprar umas geiras de terreno, e ter no compartimento junto à sua alcova, em patriarcal e primitiva promiscuidade, uma nédia junta de vacas, compradas pelo São Miguel.

O pimpolho é o doce enlevo dos pais broncos e simples; e nos cérebros rudimentares e cinecefalóides desses campônios, brotou a ideia de imitar o vizinho lavrador rico, que destinou um seu esperançoso rebento ao estudo.

Nascida, aferrou-se-lhes com a persistência de uma

ideia única. Percorre-lhes e tange-os, como o badalo na boca de um sino, dando sempre o mesmo som.

Apossou-se-lhes daquelas circunvoluções ínvias e virgínias de lucubrações, como um rato se apossa do interior de um queijo londrino. Não os abandona; rói-os em todas as direções.

Como o filho vai crescendo, vai-se-lhe radiculando a sorridente ideia, vai-se-lhe apropriando de todo o espesso continente craniano, como as raízes de uma planta, da terra contida em vaso pequeno.

O pimpolho cresceu, deitaram contas à vida, afagaram as louras libras, que constituíam a rica materialização do seu suor, e deliberaram mandá-lo à escola.

Espevitaram a inteligência do rapaz com alguns salpicões ao mestre.

O pequenino cérebro do labroste, batido, vibrado, cultivado, com os melhores esforços dos salpicões, acorda e desemperra da atonia ancestral. Começa a dar sinais de vida e a manifestar evidentes sintomas de boa compreensão.

Terreno virgem, com tão salutares cuidados, como os desenvolvidos pela generosidade paterna, breve deixa ver os pródromos de uma invulgar inteligência, que encanta o professor e deslumbra os abnegados genitores.

À proporção que o pequeno progride, redobram os encômios do mestre e aumentam os presentes paternos. Está tudo na mesma proporção e progressão geométrica. Impulsiona tudo para o mesmo fim, e dentro em pouco tempo o professor, no louvável zelo de aumentar as benesses, já se não limita a render elogios: entra nas profecias. Que o menino é um prodígio; que causa pena deixá-lo perdido na vida da aldeia, agarrado à rabiça do arado, quando, se seguisse os estudos, viria a ser alguém.

Até se me afigura que estão a ver os colóquios do bom Reitor com o José das Dornas, a respeito do atrevidote Daniel, do Júlio Diniz!

Os lamentos do bom mestre-escola foram a semente lançada nos corações dos pais, repletos de ternura e de ambição pelo filho.

Não há pai nem mãe, que não apeteça para os seus rebentos uma coroa de Carlos Magno.

Novas consultas entre lençóis de linho, nas longas vigílias do inverno; nova contagem às libras.

Entra na perspectiva a probabilidade de esvaziar o saquitel, da venda das vacas, do eirado, da casa alpendrada onde têm albergado toda a sua afanosa vida... Que importa? Se o mestre disse que o seu Eusébio podia vir a ser alguém...

Para quem têm eles mourejado, desde que a cotovia lhes manda, ao romper da aurora, os seus primeiros cantos, até o cair da noite, quando o melro lhes envia os últimos assobios estrídulos, do maciço das balseiras, ao badalar das trindades? Por causa de quem se têm privado de tudo, desde o conduto para a broa até a saragoça para o agasalho?

Quem lhes aligeira a vida, dá a luz ao Sol e o sangue ao coração?

Quem lhes alegra o dia e lhes sobressalta o sono?

E' o filho, o seu Eusébio...

Podem ficar pobres? Podem, podem; mas ainda têm bons braços, nervudos e fortes; e enquanto se sentirem com forças para trabalhar, nada faltará ao pequeno.

Se o mestre disse que podia ser alguém... E em volta desta opinião começam a voejar as suas esperanças, como as abelhas em torno de um campo de flores no estio.

Está decidido. O rapaz vai para a cidade. Braga ou Porto, Coimbra ou Lisboa, pouco importa.

Vai para onde melhor possa encontrar essa pedra filosofal do saber, que, ao seu toque maravilhoso e divino, dê a estranha e sonhada faculdade de ser — alguém.

Chega o dia do apartamento. Choros por entre risos, um receio amoroso, um desespero vago, uma ansiedade indefinível... Tudo punge os pais. Muitos conselhos, muitos abraços, lágrimas sentidas e quentes, adeuses dolorosos, e o Eusébio marcha, com o seu modesto enxoval, deixando após si a ansiada mágoa dos pais, preces fervorosas para que Deus o ampare e proteja, a saudade, agora órfã de presentes, do mentor, e a inveja torcida dos seus companheiros de estudo e folganças, que intuitivamente pressentem, no momento da separação, a quebra da intimidade e da confiança que os ligava, e a extinção da igualdade simples que entre eles existia.

O pequeno peito do estudante intumesce-se de comoção, arfa-lhe de esperança; e o seu pequenino cérebro, ricamente preparado, enche-se de ilusões, de esperança cor de rosa, mal deixando lugar para a saudade pelos pais, que para ali se ficaram a finar de dor, envolvidos na angústia do apartamento, e esmagados pelo receio do futuro.

Não lhe deu maior impressão a lembrança dos seus camaradas do pião e das estúrdias escolares, que se quedavam a olhá-lo, enleadamente, aparvalhadamente, indecisos entre a inveja pela viagem e a pena pela perda da sua companhia.

Pelo pensamento perpassam-lhe, ruboradas de luz, as mais estranhas fantasias.

A ambição incipiente, a misteriosa atração do desconhecido, o desejo forte de distinguir-se, e, quem sabe, se um pouco de vaidade e de orgulho começam a aninhar-se-lhe no cérebro e no coração.

Como longínquo ponto luminoso no futuro, sorri-lhe a esperança de ser alguém. E' a ideia que o domina obsidiantemente.

Embalado por esses azulados sonhos de adolescente, chega à cidade onde vai à conquista da sua idealizada superioridade.

A vida e o bulício estonteiam-no. A sua ousadia de provinciano solerte, desaparece; e é tomado de súbita timidez de impúbere.

Matricula-se e estuda. A timidez, que o afasta do burburinho, atira-o para os livros.

Apossa-se dele o frenesi de saber. A vontade, guiada por esse frenesi, disciplina-se e viriliza-se; e a fé em si próprio radica-se-lhe no coração, enchendo-o de confiança — dessa confiança que constitui a força misteriosa que impulsiona os apóstolos e os conquistadores, e que possui o miraculoso segredo do triunfo.

Começam a rasgar-se-lhe horizontes novos. O convívio das aulas aquece-lhe o insulamento; as ideias desenvolvem-se-lhe e aclaram-se; a vista dilata-se-lhe como a dos olhos de uma pequena águia.

O cérebro orienta-se, o afeto subordina-se ao seu querer, e a alma fortalece-se-lhe.

Começa a ser alguém. Tem a serena consciência de que principia a representar um valor.

Cria brios que o estimulam; a timidez esvai-se, e a vida, a civilização, entram-lhe, a largos haustos, às lufadas, no seu organismo selvagem em transformação.

O corpo desenvolve-se, o intelecto expande-se, a alma sutiliza-se.

O seu ser cria necessidades novas, até então não sonhadas; a sua mentalidade disciplinada imprime uma orientação decidida à ideia obcecante que o domina; e no seu coração, duma juvenilidade grave, transbordante de lealdade, lançam raízes novos afetos.

Habitua-se ao novo meio em que caiu de chofre, sem preparação prévia, sem simples presunção sequer.

Ao tempo que se vai radicando no seu novo estádio, amoldando-se aos elementos que o cercam, integrando-se na vida onde ingressou, vai perdendo, nas brumas da saudade, o seu campanário caiado, a sua escola miserável, o seu mestre ante-diluviano, o seu eirado, a sua casa alpendrada, o pai e a mãe, os companheiros de travessuras, o cume escalvado das suas serranias, os encantos selvagens da sua aldeia.

Tudo vai entrando na diluição nevoenta de um sonho, borrando-se num esfumado que se afasta; e no seu cérebro, em renovação permanente, vão-se fixando imagens novas, conhecimentos novos, novas impressões.

Imperceptìvelmente, e sem o querer, talvez, vai-se levantando, como que uma muralha mongólica, entre o seu presente e o seu passado.

Refletindo, sente que perdeu o interesse por tudo que constituiu o encanto da sua vida infantil; e admira-se de ter achado beleza ou prazer em coisas tão simples, tão fundamente modestas e rudimentares.

Esta ideia revolucionária, sobressalta-o. Nos restos

da sua ingenuidade atávica sente repelões da consciência contra a ingratidão a que está votando aquilo que tanto o seduziu e que tanto amou, enquanto o mundo se lhe cobria com a cúpula de céu assente sobre os montes que cinturavam o seu povoado.

Procurava reagir fortemente, fortalecendo-se na evocação demorada às reminiscências de criança, às lembranças dos pobres pais, que, lá tão longe, na sua aldeia perdida, continuavam mourejando dia e noite, afadigadamente, extenuantemente, para o elevarem e engrandecerem, a ele.

O seu coração de bom protesta; mas a sua organização humana recalcitra contra o protesto. Sente-se bem no novo ambiente social em que se encontra, e depressa as imagens fugitivas, que a sensibilidade momentânea lhe trouxe à memória, se afastam e esfumam. As moléculas cerebrais, em transformação permanente, renovam-se, adquirindo e capitalizando conhecimentos e estudos, que vão desalojar e substituir as subjetividades psicológicas da vida de rapaz.

Familiarizou-se com os mais estranhos problemas da Ciência e da Filosofia.

Apossou-se das mais avançadas ideias sociológicas; conhece os segredos das ciências naturais, as energias avassaladoras da dinâmica. O progresso não lhe oculta as suas belezas, nem a evolução as suas leis. A história dos povos, como a história do homem, é para ele um livro aberto. Profundou as religiões, e conhece as filosofias positivas. Estudou Confúcius e Kant, Sócrates e Comte, Cristo e Schopenhauer.

Apaixona-se por Darwin, ama Hugo e reflexiona sobre Spencer.

A sua sede de saber é insaciável. Estuda tudo, profunda tudo, e tudo distribui harmônicamente, racionalmente, com método e concisão, no seu cérebro pujante e virgínio.

Vive em um mundo inteiramente novo. Tudo do seu velho mundo ruiu, perdeu o interesse.

A sua aldeia apaga-se no passado, desaparecendo, como um navio na linha brumal do horizonte. A assinalar-lhe o lugar existe, sòmente, como o farrapo sumido de uma vela, o seu amor de filho. De vez em quando surge-lhe nas suas recordações, como que subida do coração ao cérebro, a imagem nevoenta e distante, dos seus velhos, avergados à canseira, alquebrados à idade, ingênuamente risonhos, felizes porque o seu filho já é alguém.

A evolução natural do seu espírito começa a distanciá-lo do recente meio onde ensaiou os primeiros voos largos. Principia a notar tudo pequeno e ridículo à sua volta. Passa a isolar-se, pouco a pouco, rendendo-se aos prazeres da sutilidade espiritual. Busca em tudo o acume do ideal — o que o conduz às regiões da abstração.

As banalidades que o deliciaram perderam o encanto; as carnaduras capitosas e almiscaradas da mulher deixaram de o envolver no perfume estonteante da volúpia e do desejo. O convencionalismo social, feito de fórmulas vazias de sentimento e de verdade — misto de hipocrisia e de bagatelas, de épico e de grotesco — apresenta-se-lhe à vista superior, derrancado e reles; e descobre, na plena nudez, o egoísmo e a idiotia do seu semelhante cretinizado.

Alheia-se e afasta-se então desse mundo; divorcia-se dele, perde-lhe de todo o interesse e o afeto, e refugia-se na torre de marfim de uma sonhada e ideal perfectibilidade, só por ele vislumbrada na região atingida pela sua alma.

Das ligações que o prendiam ao mundo externo, onde a Humanidade goza, ri, sofre e tripudia, existe só o fio branco e santificado da saudade, retendo ainda seguros ao seu coração os dois corações simples e puros dos seus velhitos, perdidos lá ao longe, enchendo-os com o seu nome e com a sua imagem. Só a recordação deles lhe mantém desperto o único afeto com que distingue ainda o mundo, de que a sua nova idiossincrasia o desquitou. Nada mais o seduz, nada mais o prende, nada mais o distrai dos seus novos e espirituais prazeres; nada mais tem poder nem força para o arrancar à contemplação e ao convívio das belezas que a acuidade da sua inteligência e a espiritualidade da sua alma descobriu e acumula, no persistente desejo de ser alguém, para satisfação da sua vida.

Imaginemos agora que esse homem, que, mercê do seu trabalho fecundo e da sua lucidez investigadora, conseguiu soerguer-se à região ideal dos raros e dos incompreendidos, num momento de nostalgia, de regressiva saudade, se lembra de escrever aos seus antigos companheiros broncos, arraigados na mais prosaica ignorância aldeã, e lhes fala, na sua linguagem de filósofo, revelando-lhes os conhecimentos adquiridos desde o seu apartamento, no incomensurável terreno do investigável e do investigado?

Fantasiemos que ele, com os seus mil vocábulos de filólogo, todos portugueses de lei, tentava demonstrar àqueles rudes labrostes, que passam a vida inteira com o econômico pecúlio de duzentas palavras, a verdade e a grandeza dos problemas geométricos, astronômicos, matemáticos, químicos, físicos, biológicos, e de mais essa infinidade de ciências em que ele se formou perito consagrado?

Podem eles compreendê-lo?

Incontestàvelmente, não.

Não pode fazê-los avançar até si, nem pode já fàcilmente recuar até eles, na simplicidade acanhada da exposição e do raciocínio.

Não poderá, de modo algum, expor-lhes, por forma compreensível para eles, nenhum dos mais comezinhos assuntos da ciência conhecida; não lhes saberá levar ao cérebro nenhumas noções dos grandes problemas sociológicos que a ele são familiares, das transcendentes teorias que bebeu nas fontes sagradas do saber humano, nem das maravilhosas descobertas dos grandes Proteus de todas as eras.

Tinham os campônios direito de negar a existência do seu conterrâneo, porque ele se havia metamorfoseado depois do seu apartamento da aldeia, e lhes contava agora coisas que eles desconheciam, afirmava fatos que não sonhavam existir e em linguagem que os seus ouvidos pecadores jamais tinham ouvido?

Certamente, não.

Porque o seu patrício não possa vazar no molde microscópico e ordinário dos seus duzentos vocábulos, a noção das coisas de que adquiriu conhecimento, depois da sua saída da terra onde eles ainda ficaram, hão-de repudiar, por falsas, as notícias que ele lhes envie, em desenfastiado momento de nostalgia?

O sábio não deixara de ter sido o campônio seu igual; de ter brincado nas mesmas rapaziadas e ter metido a cabeça no mesmo rústico batistério. O que o transformou, permeando uma distância impossível de superar, foi a mudança de situação, e o saber adquirido com essa mudança. Ele não podia dizer, na linguagem vulgar da aldeia, tudo que tinha aprendido fora dela; e os da aldeia não podiam assimilar o que ele lhes dissesse de estranho ao meio em que viviam, porque os seus cérebros habituados às ideias restritas, apoucadas às palavras que constituíam o dispêndio das suas necessidades habituais, careciam, em absoluto, da plasticidade e da expansibilidade para a recepção e compreensão de ideias e ideais que lhes eram totalmente estranhos e desconhecidos.

Os campônios, encasulados na sua aldeia, ficaram-se como crisálidas adormecidas; e o seu patrício havia desprendido as asas, e voado pelo espaço cheio de luz e de liberdade.

Uns estavam onde restaram sempre, e supunham que o mundo não ia muito além da terra que pisavam; e outro desferira voo como a águia selvagem, e olhava para o mundo todo de cima do Himalaia espiritual que o seu trabalho e o seu saber haviam erguido.

Do alto, onde pairava, por sobre os píncaros que só as águias atingem, via tudo pequeno lá em baixo, onde todas as coisas pareciam enormes aos que perto delas demoravam.

Amigo: — aplica «el cuento».

A nós outros deu a morte terrena sabedoria em coisas novas, coisas desta vida, para as quais nesse mundo ainda se não criaram ideias concretas, nem palavras definidoras. São inacessíveis à vossa ignorância, como as cores e a luz são inacessíveis à irreceptividade visual de um cego de nascença.

Não podemos tocar com elas a vossa compreensão nítida, como Eusébio não poderia fazer compreender aos cavadores, que vegetavam no canto do mundo onde ele nascera, as sublimidades filosóficas, nem as equações algébricas.

Das coisas materiais daí não temos interesse em falar. Perderam para nós o valor e o encanto, como para o Eusébio perderam o encanto e o interesse as rixas dos rústicos, os serões domingueiros e a romaria de S. Torquato.

Podem vir ao nosso espírito como fugidias recordações, lembrando-nos o ponto de partida, o penhasco escarpado, de onde alçamos voo às regiões que transpomos, agora. E' a saudade esbatida, vaga, confusa, que o sábio tinha da sua aldeia.

Sentimos, por vezes, uns pruridos de simpatia pelos nossos companheiros de outrora, que aí, longe de nós, vivem mergulhados na falaz ilusão da sua grandeza, como um louco vive num manicômio supondo arrastar o roçagante manto de arminho de um rei. Então, apiedando-nos da sua ignorância e da sua simplicidade, procuramos ensinar-lhes um pouco do que a morte nos ensinou a nós.

Tentamos arrancar-lhes a venda que, sem eles sentirem, os cega, e os leva, pela vida fora, aos tropeções, à mercê de um pretendido acaso, sem fim conscientemente desejado, nem prèviamente definido. Queremos cometer o piedoso ato de os guiar, como aí pessoa compassiva pode pegar na mão de um cego para o guiar, no atravessar duma rua.

Para isso só lhes podemos dizer aquilo que aí compreendam e pelo mesmo modo como o fazíamos quando daí éramos. Com o que dizemos se devem contentar, porque o que damos basta para o fim útil que temos em vista. O mais, entra nos domínios da curiosidade — o que a nós não seduz, nem a vós aproveita.

Ainda quando por aquiescência amável, por gentil galanteria, quiséssemos dizer para aí tudo que aqui se passa desde os sofrimentos sem nome que se curtem na dor, até os gozos esplendorosos que se fruem na paz, não o poderíamos nem saberíamos fazer de modo compreensível. A linguagem humana é paupérrima, e limitada às necessidades mundanescas para que foi inventada; a inteligência é finita, incompleta, limitada por preconceitos e por vaidades.

Contar-vos a ampla liberdade e infinita vastidão de pensamentos que se pode desfrutar aqui; descrever-vos a grandeza absoluta da justiça que tudo rege, seria recitar os Lusíadas a um surdo. Exprimir-vos a celeridade com que aqui se pode comunicar entre mundos, entre cérebros, seria querer fazer compreender a um botucudo as maravilhas da telegrafia Marconi.

Eram esforços inúteis e improdutivos.

Se se tentar dissuadir a teimosia de um surdo, pela palavra, ver-se-á que ele, simulando compreender o que se lhe diz, volta sempre a repetir as suas opiniões.

O homem foi sempre assim: — Orgulhoso da sua pessoa, orgulhoso da sua aldeia.

Não admite nos outros o que não possui.

Nega o talento, nega a bondade, nega o saber, se não pode tirar da afirmativa um motivo para enaltecer e destacar em si próprio os mesmos méritos.

E' possível que o não faça por mal. E' possível.

Nos calmos momentos da minha ingenuidade, afigura-se-me que essa inveja natural é ramúnculo, estendido através dos tempos pela misteriosa árvore da Ciência, que Deus plantou no Éden terreal, e de que brotam os mais belos e ricos frutos da sabedoria.

O desejo invejoso da supremacia dos outros, o despeito envesgado e estrábico por os não igualar, a ambição impertinente para os suplantar, são os estímulos mais poderosos para o progresso humano.

E' verdade que dessas mesmas causas surgem também impulsos inversos, que podem constituir obstáculos para lhe demorarem e dificultarem a marcha.

Da mesma origem que emanam estímulos salutares, irrompe a ignorância maldosa e improgressiva, que enveredа pelas encruzilhadas, arremessa a maledicência, semeia a dúvida, e espalha o descrédito, por modo a fazer hesitar os de boa fé entre a verdade real, nua, sadia e sem arrebiques, e a mentira convencional, mascarada de verdade, tresandando a pó de arroz e a luxos de guarda-roupa.

Pode sentenciar-se, como qualquer padre-mestre, que nesse mundo nada é perfeito, senão relativamente.

O homúnculo mais informe tem sempre uma mulher que o ame; o macho menos formoso acha sempre fêmea a que se acasale; o odor mais repulsivo encontra narinas que o apreciem; a cor mais desbotada encontra olhos que a admirem; os sons mais ásperos, ouvidos que deleitem. Assim invejas inviosas e maledicentes, sentimentos de uma psicologia anormal e inconfessável, são, não raro, os estímulos mais determinantes para os organismos passivos e amolentados, como o acúleo bico é o argumento mais irresistível contra a pachorra de um boi de nora.

Deus, quando fêz o mundo, soube muito bem o que fêz.

Dentro da relativa perfectibilidade que assinalou a cada organismo, marcou um grau máximo a que todos podem atingir. Como uma bala, despedida ao alto, atinge instantâneamente o seu zênite, para volver logo à base de onde partiu, todas as coisas na vida terrena, quer na ordem física quer na ordem psíquica, conseguem, alfim, um momento fugaz da perfeição maior, da fortuna, da grandeza, que, dentro do meio em que existem, lhes não é facultado ultrapassar, sejam quais forem os esforços que eventualmente ou persistentemente se empreguem para romper a fronteira que as limita.

São felizes os que surpreendem esse momento único de culminância ideal, e conseguem fazer dele o palácio a que abriguem, serenamente, a sua aspiração. Ela abrigada, está satisfeito o seu fim, preenchido o seu destino.

Na vida dos povos, como na vida dos homens, na vida das ideias, como na vida das civilizações, há sempre um destino a preencher, um fim a conseguir.

Enquanto se não atinge esse escopo, não há obstáculos que dificultem o avanço; como depois de atingido não há energias que impulsionem mais além, nem vontades que perdurem a conservação no limite alcançado.

Se levantarem um dique a um fio d'água ou ao

Amazonas, o resultado será o mesmo. A corrente continuará a avançar serena. Podem inventar moles colossais que lhe impeçam provisòriamente a sua marcha regular; mas a água, obediente ao seu destino, seguirá, cantando estranhas canções no seu marulhar, convergindo ao ponto onde reside o obstáculo, engrossando, tranquilamente, cônscia do seu poder, congregando forças, acumulando peso, engrossando volume, espraiando-se indolentemente, sem pressa, sem esforço, dando a impressão de espreguiçar-se com a voluptuosidade de uma crioula; aparentando tanto maior tranquilidade quanto maior vai sendo a sua imponência e a sua grandeza, até que, atingindo o momento supremo, a sua ação afetadamente calma, profliga a barreira, leva-a em destroços adiante de si como um brinquedo, e avança, corre, salta, em caudais impetuosos, arrasando campos, arrancando árvores, arrastando tudo majestosamente, bramindo, ululando, como que entoando um coro enorme de milhões de evoés, pelo seu triunfo, pelo triunfo da força, pelo triunfo irresistível do destino.

O engenho humano conseguiu retardar a sua marcha pacífica, mas não impediu que chegasse ao seu fim, depois de ter ganho, pelo impulso vertiginoso da corrida, o tempo perdido na concentração da sua energia, na acumulação da sua quantidade.

A ação do homem pode retardar a marcha dos acontecimentos? Evidentemente pode, quando o homem é um fator nesses acontecimentos. Pode demorá-los, como pode precipitá-los; mas não pode impedi-los, como, podendo desviar o curso do rio, não pode obstruí-lo para lhe paralisar a marcha definitiva.

Quem, num irrefletido impulso de ousadia queira fazer parar o avanço natural das coisas, semelhará a inconsciência de um touro que queira parar uma locomotiva à marrada.

E' isto uma verdade banal, ridìculamente banal, ensinada por todos os atos da nossa vida, e por todos os fatos conhecidos pela Humanidade, no seu longo peregrinar por esse florido vale de lágrimas e de tolices. Mas porque é banal, à força de ser verdade, é que entra dificilmente na cabeça rombóide de muita gente, que acha distinto e galante estar em permanente divórcio com o senso comum.

Os seus cérebros são como aqueles ricos salões aristocráticos, de branco e ouro, onde chocam, por vexatòriamente intrusos, os móveis simples e prestadios da vida ordinária.

E, por notável aberração e paradoxal contra-senso, sucede que, os que de mais inteligentes e sabedores se presumem, são os que mais remissos se manifestam à assimilação dos princípios intuitivos, ou das concepções banalmente verdadeiras. Talvez este fato insólito tenha explicações naturais.

E' possível que em uns seja porque, tendo o seu cérebro só orientado as grandes especulações, desdenhem, por indigna, toda verdade que não se apresente envolvida em misteriosa auréola de problema transcendente, ou em nebulosas sutilezas de difícil penetração; esquecendo-se de que a verdade só existe na simplicidade e no desataviamento.

Em outros pode dar-se outra hipótese: — a de que os seus cérebros, de uma capacidade finita e limitada, hajam sido preenchidos, sem deixarem espaço para receber nada de novo, ainda quando seja o que de melhor ou de mais verdadeiro possa surgir nesse desenrolar constante de descobertas e de conquistas.

Estes cérebros encheram-se como a sacola de um mendigo: — das primeiras coisas que lhes atiraram para dentro, sem seleção nem precaução.

Serão como um gomil raso de detestável vinho de bodega, que não receberá mais líquido, ainda que sejam gotas do mais famoso «lacrima christi».

Constituem estes sábios uma classe à parte, de intelectuais superiores; uma espécie de armazéns ambulantes de ideais e teorias estáticas, que se armam em fortalezas blindadas contra tudo que apareça de novo — homens, fatos ou ideias — que de algum modo possa chocar com aquilo que têm como apurado no seu cérebro, ser a definitiva expressão da Ciência.

E' este o pior estorvo ao progresso científico.

Estes pseudo-sábios gastaram uma parte da vida a adquirir uma soma de conhecimentos, que lhes plenou os depósitos cranianos. Encheram-nos. Aos últimos que entraram fecharam a abertura, e afixaram a tabuleta: — completo.

Depois arrumaram, pachorrentamente, tudo que atiraram para dentro dos seus armazéns de bricabraquistas intelectuais, e não consentem que coisa nova passa ir revolucionar aqueles graves e austeros cenáculos de velharias.

Se houver quem tente a empresa, reagem, insurgem-se contra o atrevido que se arrisque a querer perpetrar o vandálico atentado, como uma velha dona se insurgirá contra quem ouse levar à sua casa quieta, de uma solenidade augusta e bafienta, qualquer inovação artística, que vá quebrar-lhe a velha monotonia simétrica; ou qualquer irreverente lufada de ar puro, higiênico, que entre, em ondas de luz, pelas janelas revolucionàriamente abertas, em dourada manhã de sol.

E' neste inerte retraimento às coisas inovadas, que se deve buscar a força, a causa principal da oposição a todas as descobertas da Ciência.

Não cabe mais nos seus depilados escrínios cranianos, ou não se sentem com aptidão para renovar o que de absoluto e inverídico lá existia, e, de boa fé ou de velhaca sombra, concluem que nada mais pode haver de novo para aprender. Ficam-se com as ideias do seu tempo — ajuntam sempre como argumento irrefutável e fechante.

Ora, é nesta cristalizada classe de bonzos científicos, que vamos encontrar a maioria dos sábios consagrados, espécie de ruminantes que escapou a Linneu, mas que constituem a mais espessa fortaleza onde a intolerância podia refugiar-se.

São eles os únicos que manifestam ignorar que a Ciência, para atingir a somatória de conhecimentos de que se orgulha à presente hora histórica, tem vindo, desde épocas imemoriais, caminhando à custa de diligências demoradas e sangrentas, rompendo a poder de hercúleos esforços e de abnegados sacrifícios, a densa cerração da ignorância, ou vencendo a inerte reação do existente.

Há coisas que são infelizes desde o seu nascimento.

À Ciência coube essa má sorte. Para entrar neste mundo teve que anichar-se dentro da maçã raineta com que o anjo caído, em «travesti» de serpente, veio tentar a gulodice da nossa avòzinha Eva.

Entrou com o pé esquerdo, e desta enguiçada entrada, provêm, seguramente, todas as dificuldades que a pobrezinha tem encontrado na sua vida de revolucionária.

Se não tivesse vindo por tão condenável veículo, como foi o da curiosidade da mulher e da gulodice do nosso pachola e simplório avôzinho Adão, era possível que viesse percorrendo o tempo com a encantadora simplicidade de uma eterna primavera, toucada de flores e envolvida em aurífero véu de luz.

Tendo tido, porém, tão mau paraninfo, e havendo-se intrometido na vida humana por modo tão pouco próprio a uma senhora decente, tem, naturalmente, neste fato deplorável, não só a causa de ter de avançar em permanente luta, para conquistar o lugar que de direito lhe compete, como a justificação da guerra que lhe move a honrada e grave classe de sábios consagrados, de grandes óculos e de farripas brancas no occiput, que não pode, decorosamente, ter contacto com tão desenvolta e irrequieta aventureira.

Não se esquecem do ludíbrio em que caiu o primeiro homem, que não era sábio; e se ele foi vítima das malas-artes do inimigo, com que maior facilidade não se arriscarão aqueles seus descendentes, que têm a desgraça de ter a crassa sabedoria a entenebrecer-lhe a inteligência?

Assim, pois, defendidos pelo medo e pelo pudor, são adversários temíveis; e não sendo tomados de assalto, é difícil reduzi-los à obediência, por mais sorrisos gaiatos, que a linda Ciência lhes atire.

São inimigos terríveis; mas não deixa de ser verdade que, se chegam a ser conquistados, ainda que seja só para se darem ao luxo de eunucos enamorados, não tem ela mais submissos amantes, mais dedicados servidores, nem possuidores mais ciumentos e ferozes.

Proclamam-se seus exclusivos senhores, seus únicos representantes, e voltam, por esta nova forma, a ser o obstáculo ao seu caminhar evolutivo, à sua marcha ascensional e predestinada de guiadora da triste Humanidade. Volvem-se seus zelosos carcereiros; e armam-se em algozes, sempre prontos a rechassar todas as manifestações que ela possa produzir sem o seu beneplácito, e que pudesse forçá-los a qualquer esforço intelectual, atinente a conhecer alguma nova modalidade das suas infinitas metamorfoses.

Em verdade: — estes senhores serão sábios?

Eu parto do princípio que não sei o que é um sábio.

Diz-se aí no mundo, como suprema dignificação científica: — é um sábio.

Ora, o saber humano é uma coisa sem limites, renovável em todos os instantes do tempo.

O saber de ontem pode não ser o saber de hoje; e, dentro do saber, há tantas facetas quantas são as formas da atividade humana.

Sábio pode presumir-se o que chega a conhecer um assunto. Ora, os assuntos são de uma variedade ilimitada: logo, os sábios têm categorias ilimitáveis.

Um homem pode, em dado momento, culminar a categoria de sábio no ramo do estudo a que se dedicou; mas, como esse ramo de estudo é renovàvelmente progressivo e instável, para continuar a conservar a categoria a que atingiu, tem de acompanhar, em todas as suas manifestações e minúcias, a vida evolutiva do assunto a que dedicou a sua atenção máxima.

Se não fizer assim, deixa de ser sábio no minuto seguinte àquele em que de direito lhe coube a classificação; porque nesse minuto já o grau atingido no saber terá fatalmente cambiado.

Haverá alguém que possa vangloriar-se de sábio?

E depois, sábio é toda a gente que sabe. E' um Sócrates em filosofia, é um Aníbal na guerra, é um Vatel em culinária, é um João Fernandes em sangrador e é um José dos Anzóis em sapateiro. Em tudo há sábios, até na pedantice, que são os mais pedantes.

Os últimos, ainda que se abonem com os mais distintos diplomas universitários, com os mais pomposos títulos de autoridade, e cantem de sobre elevada pirâmide de elogios jornalísticos, como os galos d'aldeia cantam de sobre as medas de palha, são os mais perniciosos.

Consideram-se sábios sem mistura. Conhecem tudo, falam de tudo. Nada escapa à sua onisciência; invadem todas as especialidades; sobem a todas as tribunas; dogmatizam nos mais controvertidos assuntos; prelecionam, com autoridade, a auditórios ávidos; sorriem, com superior desdém, e olham, com piedosa comiseração, do alto de toda a sua importância consagrada, para os míseros que ousem aventar alguma proposição nova, ou semear alguma nova ideia.

Audazes, atrevidos, ignorantes, vão até onde os verdadeiros sábios hesitam avançar.

A sua ignorância, apetulantada em sabedoria, afirma ou nega, com uma inconsciência singularmente leve; e, apesar disso, ou talvez por isso mesmo, são os que ditam a lei, que formam opinião, que estabelecem a moda, e que elevam ou derrubam princípios, ideias e reputações.

Esta pedantocracia nada admite de novo.

Desdenha ou nega o que não provenha dos seus miraculosos cérebros — únicas autênticas fontes de Castália que a sua grave superioridade reconhece.

Qualquer das individualidades consagradas, que aí se acotovelam na Terra (porque a Natureza, em lamentável momento de distração, lhe deu asas de pata, em vez de asas de águia, como de direito lhe pertenciam), ainda leva, às vezes, a sua generosidade protetora e transigente, a fazer concessões, a pôr, com ares de aprovação, o «placet», para correr, em qualquer ideia nova; mas é preciso que ela tenha brotado em algum cérebro portentoso de freire de confraria semelhante àquela a que pertence.

Se, porém, partiu de um sublime ignorante, algum Ninguém, cujo nome soa aos seus tímpanos delicados como arrepiadora arranhadela em vidro, então, canta-se a Delenda, com o mais solene ritual, ou estabelecem-lhe em volta o vácuo asfixiante do silêncio tumular.

Estas colunas da opinião, sobre que assenta todo o

maravilhoso edifício da Sabedoria, não admitem que fora deles haja mundo, haja cérebro, haja luz.

O foco luminoso que aí rompa a treva densa, só pode partir do holofote que eles conduzem gravemente sobre os ombros!

E há quem estranhe que eu ainda daqui me ria desse mundo de ópera bufa, e dos seus grandes homens, roídos até à medula pelo ridículo, pela inveja e pela vaidade!

O que hei-de fazer?

Tomar o mundo a sério?

Mas isso, meu Deus, será ter que ir desentulhar, para mim, ao guarda-roupa do Tempo, o figurino de Heráclito.

Insurgir-me, em tropos de indignação queimante, contra os pobres que aí se mascaram de sábios e de potentados?

Mas isso será cair num ridículo atroz, por os tomar a sério nas suas atitudes estudadas, nas suas mesuras graves de pessoas predestinadas, de cujas bocas de ouro caem, em fio de pérolas, sentenças bíblicas, como a água cai, a bocas escancaradas, das carrancas de chafariz.

Ora, eu devo dizer nesta altura (e já não vai cedo) que a ninguém tomo responsabilidade de ser como saiu da forma em que pelo destino foi fundido.

É-se parvinho, como se é genial, quando se não é ambas as coisas ao mesmo tempo, e sem se saber porquê, nem se ter disso mérito nem culpa.

Nasce-se medroso ou nasce-se valente, como se nasce alto ou baixo; e ninguém deve, razoàvelmente, sofrer por defeitos ou faltas que não dependam da sua vontade.

O sapo não é responsável por ter nascido feio, nem a rosa merece encômios por ter nascido linda.

E até, apresentando-se cada coisa como a Natureza a fêz, na própria fealdade se vão encontrar enlevos, e na própria beleza defeitos. O sapo, a iluminar e a fazer esquecer a sua fealdade monstruosa, tem lindos olhos fascinadores; e a rosa, a desvalorizar a sua deliciosa beleza, tem agressiva armadura de espinhos.

Isto demonstra que em tudo o Criador estabeleceu o equilíbrio de dons; e quem se apresentar na sua lisa simplicidade é sempre digno, senão de admiração, pelo menos de respeito.

Quem se contenta, porém, em mostrar-se tal qual é? Se há alguém que atravesse a vida, dentro dos modestos «rails» que lhe foram estabelecidos naturalmente, esse alguém é tão raro como o melro branco, e será digno de prêmio pela virtude revelada nesse ato de audaciosa modéstia.

Não proponho que se lhe elevem estátuas para o não ofender, confundindo-o, acamaradando-o, com essa aluvião de imortalizados brônzeos e pétreos, que enchem as praças por aí, a pé e a cavalo, e nem a cavalo nem a pé, como sucede a um do meu particular conhecimento.

A verdade, porém, é que ninguém quer ser o que é. O que é, é. Ninguém lho dá, ninguém lho tira. E, em regra, bem pouco vale o que é.

O que pretendem ser, é o que a inveja, a ambição ou a vaidade lhes insinuaram, insidiosamente, que fôssem. O que pretendem ser, não; o que pretendem aparentar, é o serem os maiores entre os grandes, os mais sábios entre os seus pares, os mais velhacos entre os velhacos. E' ser os primeiros em Roma, como os primeiros na sua aldeia.

Vestem de burel, quando presumem que é debaixo daquele tecido áspero e pobre, que a moda os vai buscar para os pôr em destaque, como um exemplar raro de teratologia em exposição barata para soldados; como lançam fogo à imagem dolorida e chagosa do Deus da igualdade e do amor, se for por este meio que consigam a evidência necessária, a apetecida celebridade, que a sua tartufice de longe vem visionando.

Para conseguir este fim não hesitam nos meios.

Saltam, atropelam, rojam-se ou insultam. Pouco importa a tática escolhida; o essencial é triunfar; é passar além dos outros, é amarfanhar-lhes a prosápia.

Os que lêem por este breviário, cuja invenção os velhacos modestamente declinam nos jesuítas, formam, como que involuntàriamente, pequenas igrejinhas em que se defendem e amparam, contra prováveis ataques de algum atrevido que ouse pretender reduzi-los à sua verdadeira situação de burros ricamente ajaezados.

*
* *

Disse eu, há pouco, que a maioria das pessoas que aí se esfalfam a representar o que não são, para conseguirem aplausos da turba, deitavam fogo à imagem chagosa do Deus da igualdade e do amor.

Deitar fogo à imagem, é expressão apagada, e talvez falha de verdade.

Quando ele andou por esse mundo a ensinar o amor aos humildes e o perdão aos maus, a acarinhar os pobres e a sorrir às crianças, polarizando ideias e semeando exemplos, votaram-no a uma morte infamante e ignominiosa, como perturbador e como impostor.

Alguns dos homens de hoje, mais liberais, mais tolerantes, como grato agradecimento de estarem gozando do bem por ele generosamente difundido, consolam-se de o não poderem matar novamente, suprimindo-o.

Entrou em moda negar Cristo e negar Deus. A negação passou a representar uma manifestação de esnobismo, e uma necessidade social.

Quem queira ser notável no mundo, e proponha a sua candidatura a homem célebre, tem de inscrever, como artigo primeiro do seu programa, a negação deísta.

E' chique e é útil. Celebriza-se ràpidamente o super-homem (como é moda agora dizer-se) e dispensa-o do atestado de vacina, de bons costumes, e de provar que tem alguma coisa dentro do crânio.

Realmente, Deus é um empecilho.

Pode lá admitir-se que haja alguém com direito de apreciar os nossos atos, sabendo mais do que nós, podendo mais do que nós, e, pior do que isso: que se conserve sempre, impertinentemente, fora do alcance da navalha com que aí se pode atassalhar a vida e a reputação alheia?

Dentre os que o confessam há ainda duas classes: — os que o amam por instinto, por educação, por tradição, e até, às vezes, por uma pontinha de egoísmo, e os que o servem, e a quem a sua existência representa uma utilidade, e constitui rico manancial a explorar.

Raros serão aí os homens que o amem e sirvam em elucidada consciência, e como íntima manifestação da sua alma agradecida.

Raros serão aqueles que o admirem na sua ação permanente e fecunda; no fulgor da sua justiça, na doçura da sua bondade, na força do seu poder, na grandeza suprema da sua vontade e da sua onisciência.

Raros serão aqueles que o encontrem na asa do inseto, como no fragor das tempestades; na ação instintiva dos protozoários, como nas criações portentosas do cérebro humano; no poder terrível dos infinitamente pequenos, como na luz potencial dos sóis: — poeira luminosa que gira no espaço infinito a marchetar o manto do Universo.

Raros serão os que o saibam ver nos fenômenos da Natureza, nos segredos insondáveis da Criação, na suprema ordem, na eterna regência das leis que prendem, dominam e harmonizam o existente.

Abstraindo a parcela rara da Humanidade que o vislumbra em tudo, e o ama como Ele deve ser amado, para o resto do gênero humano Ele existirá ou deixará de existir, conforme a vantagem ou desvantagem que a sua existência possa ocasionar.

Uns negam-no, porque lhes simplifica o problema e aquieta escrúpulos de consciência, amordaçando assim os protestos da dúvida; outros crêem na sua existência, e, amoldando-o à sua fantasia rasteira, semelham-no a um homem respeitável, ou coisa de pouco mais, de brancas barbas intonsas, calva à S. Pedro, ar venerando e sisudo de patriarca bíblico.

Supõem-no individualidade que preside a todos os atos humanos, ainda os mais pueris; juiz fero, Argos universal, que tudo vê e bisbilhoteia, e que, em gestos solenes e pesados, distribui o sol e a chuva, conforme lhe pedem.

Crêem-no a beneficiar uns filhos em detrimento dos outros; e que, depois de ter escravizado à dor, nesse mundo, aqueles com quem não simpatiza, ainda os condena às eternas penas do inferno, só para se dar ao luxo neroniano de ver ígneos torresmos humanos, ou de pitadear carne tisnada, esmagando-a entre os dedos, como átomos do célebre luminar coimbrão.

Pessoas de digestão difícil, sujeitas a pesadelos, pintam-no iracundo, despedindo raios, trovejando ameaças, deliciando-se em torturar as crianças e os velhos, e entretendo-se em jogar aos dados, com o seu eterno rival, o decrépito Satã, as almas dos míseros bichos humanos, que em desenfastiado momento colocou no mundo desamparadas, entregues a si próprias, ignorantes e indefesas para reagir às argutas tentações do velho e engenhoso Demônio; entregando-lhe aquelas que não conseguem fazer o que Ele, o próprio Deus, não conseguiu: — dominar e vencer a astúcia do velho e solerte Belzebu.

Os de espírito forte, que pascem livres teorias pelas vastas campinas da Razão fria, sob o olhar vigilante e protetor da Ciência positiva, liquidaram mais limpamente o embaraço com a supressão completa. Não estiveram para perder tempo, procurando desatar o nó — cortaram-no com a espada flamejante da sua independente sabedoria.

Não estranhem se dentre a intelectual coorte de negadores encontrarem o carroceiro soez, o sapateiro filósofo, em igualitária promiscuidade com o sábio da Academia, e com o luminar da Medicina que procura a Alma com a ponta do seu bisturi. Isso nada faz ao caso.

A inteligência, a esperteza, e a arguta previsão das coisas, não escolhem classes nem cérebros para fazer o seu recrutamento.

A luz científica que ilumina os mais recônditos recessos do desconhecido, tanto pode acender-se no cérebro alcoolizado de um catedrático da taberna, como no de um catedrático de Universidade.

Em ambos pode fulgir a centelha do gênio que os leve, argoladamente, à desvendação do mistério máximo, que tem resistido, impenetrável, à investigação humana.

Não se admirem. O saber em qualquer parte se aninha e enrosca; e para ver claro onde toda a gente encontra densa treva, tão de lince podem ser os olhos oculados dos homens da Ciência, como os olhos blefaríticos dos videntes de tripeça.

«Les beaux esprits»...

Não quiseram, porém, na sua científica previdência, deixar a pobre Humanidade sem ídolos para adorar. Reconheceram que o coração humano carece de um ideal superior que o alimente e fortaleça; que o sentimento exige alguma coisa de grande, de infinitamente grande, para admirar e amar. Para substituir nessa indispensável adoração o velho Deus, que escavacaram, inventaram o deus-Homem, por já estar fora de moda a sanguinária deusa Razão, da revolução francesa.

Endeusaram-no, sublimaram-no; proclamaram a sua onipotência e a sua libertação do Preconceito e da Religião, e a sua rebeldia contra Deus e contra o diabo.

Começaram, entretanto, a reconhecer que a matéria mole e putrefactível de que esse deus era formado, não tinha muito durável conservação, nem aplicando-lhe os mais apurados ingredientes dos salchicheiros de Chicago. Recorreram, salvadoramente, aos grandes homens simbólicos da História — vasto e provido depósito de sublimidades, onde se podem escolher, a preço módico, deuses para todos os paladares, à vontade do freguês.

Talvez lhes sorrisse, vagamente, a esperança de virem a ter ali apetecível guarida, e poderem ser um dia também escolhidos para fetiches, se voltarmos à perfeição lendária dos animais falantes, e os burros tiverem necessidade de escolher deuses...

E bem o haverão merecido, por terem visto a tempo que os grandes homens vivos não serviam para as altas funções em que os queriam investir. Enquanto vivos, nenhum deixaria de quebrar a gravidade augusta, necessária a um deus, à picada coceguenta de qualquer inseto iconoclasta; depois de mortos, o característico odor das suas divinas carnes em fermentação, não seria excessivamente agradável aos seus fiéis.

Estes preciosos ateus, videirinhos da anarquia intelectual, e apaixonados adoradores da Ciência soberana, admitem que um frágil instrumento de óptica perscrute o infinito; que se possam medir, sem esforço, as distâncias incomensuráveis, representando-as em rosários de zeros intermináveis e fecundos como os anéis de uma solitária; que se contem as bactérias que uma gota d'água contém, e os micróbios que repastem em um cão morto, beijado pelo Sol do combro de um valado; mas insurgem-se, como heróica libertação do intelecto e da consciência, contra a possibilidade de que não haja manifestação sem causa, e de que, para no Universo existirem as leis, que são forçados a reconhecer, para existir matéria que se transforma incessantemente dentro de uma lei imutável, e vida, que tudo anima e agita, é indispensável haver uma fonte de onde tudo dimanasse ou um obreiro que tudo fizesse e sàbiamente regularizasse.

Divinizam homens porque constataram a existência de algumas das leis naturais, e lhes indicaram a função e a ordem, sem jamais lhes terem atingido a origem; e repudiam esta necessária origem, só porque ainda não conseguiram percebê-la, conquanto ela se aperceba e constate nas mais insignificantes manifestações daquelas leis.

Enaltecem o pioneiro que descobre um continente novo; o que investiga e descreve novas e não sonhadas manifestações da fauna, da mineralogia; o que arranca um átomo à força universal e lhes dá a eletricidade; o que, num acaso feliz, conquistou o vapor; os que, vislumbrando o começo de infinitos segredos, lhes deram a luz invisível, a irradiação da matéria, a etérea onda vibratória, a luz permanente e indestrutível, o conhecimento dos organismos infinitamente pequenos, a conservação ou a condução dos sons; enfim alguns dos pequenos nadas que constituem esquírolas do grande Todo; e simulam grosseiro desdém pela inconcebível maravilha que é esse Todo, e pela Entidade que o deve ter organizado.

E porque essa desigualdade injusta? E porque essa vesânia na apreciação?

Naturalmente porque a entidade minúscula, a quem por mercê da necessidade evolutiva coube a primazia no encontro do continente, na apropriação de segredos naturais da matéria e da energia, desde sempre existentes, e na fixação à sua condicionalidade e aproveitamento, foi o homem — o deus homem.

E' de notar, porém, que para ele constituir o fetiche destinado à admiração cultual das gerações, o fragmentário sucessor de Deus no respeito e no misterioso amor da consciência humana, é indispensável ter transitado pela confraria dos grandes sábios, e ter-se-lhe aposto a marca oficial, registada, para que, só depois da morte, possa ingressar no panteão dos imortais, e seja exposto à veneração fetichista das pobres criaturas que procuram enganar, com essas vãs manifestações adorativas, a necessidade irreprimível do seu coração e do seu pensamento.

Enquanto forem vivos, e possam roçar ombro com ombro com os adoradores, estes não lhes vêem senão os calcanhares de barro da organização humana, para os depreciarem, para os rojarem, puxados pela corda da maledicência, até ao plano raso e sujo onde vegeta a massa vulgar, anônima, envilecida.

Enquanto é vivo, não pode escapar-se aos efeitos da moderna doutrinação da igualdade, e há-de subordinar-se à craveira comum, como os hóspedes de Procusto ao seu leito.

E' um fruto da atual concepção igualitária. Se não podem atingir a altura dos mais elevados, comprimem-lhes as qualidades até os descerem a igualá-los na baixeza. E' a aplicação plebeia do corte das papoulas de Tarquínio.

«Nada que nos sobreleve», é o moderno grito de guerra social, que se repercute por todas as escalas da atividade humana.

O homem extasia-se ante vulgares manifestações artísticas em que se consigam imitar, com sucesso, as belezas imitadas, e ouve, apático, os mais harmoniosos sons da Criação.

Se uma pintura revela perfeição, como cópia de uma paisagem, toda a gente a admira, e rebuscam-se os adjetivos laudatórios para se acariciar a vaidade e o amor-próprio do artista que a executou.

A mesma artística e conscienciosa gente admiradora é colocada em frente do trecho natural, de que a tela é pálida imitação, e olha-a com suprema indiferença, quando não com olímpico desdém.

Só os poetas, criaturas exóticas no prosaísmo da vida, cantam as maravilhas do Som e da Cor.

Não raro nos seus exuberantes e sentidos trenos à Natureza, sucede confundirem as cores, os termos, e a ideia das coisas, como indivíduos alheados à realidade dos fatos, e afastados da simplicidade, da grandiosa simplicidade, dessa mesma Natureza, que poèticamente se arrojam apreciar.

São quase só eles, idealistas da palavra, que professam o culto panteísta; mas fazem-no sem a sinceridade que lhe torne sentida e verdadeira a emoção, sem o sentimento que dê vida e sensibilidade aos seus cantos. Lugares comuns, imagens avelhentadas ou esotéricas, rebuscadas pacientemente na torturanda preocupação da rima, em frente de uma poética e de um dicionário, tudo lançado na adamantina armadura da metrificação, sem outra orientação sincera e positiva que a de encadear palavras, numa consonância cadenciada e musical, que os torne admirados como ricos lapidários ou artísticos buriladores da forma.

Ainda assim são eles que: abordoados ao seu simbolismo poético, na sua vida de sonho e de despreocupação, fazem oscilar o turíbulo incensador a Deus, pelas maravilhas que intuitivamente reconhecem ele ter criado. E não são todos os poetas que turibulam Deus, não.

São só os que voejam pelas supremas regiões do ideal; porque os outros, os que conseguem a atroz satisfação de pisarem a terra, como qualquer pessoa de carne e osso, enxertando o florido rebento do idealismo na carcomida árvore da realidade, ou mascando a amarga raiz da Ciência, como qualquer marinheiro inglês masca tabaco, desembestam em atrevida e irreverente arremetida contra a ideia de Deus, num satânico gargalhar de blasfêmias, em epicurísticos cânticos ao Gozo, ao Ouro e ao Diabo.

Tem o homem uma queda natural para falar do que não sabe. E' vulgar os que conhecem bem uma matéria retraírem-se, absterem-se de falar sobre ela, como um avaro se abstém de falar no tesouro que lhe custou a amontoar.

Os outros, porém, que só superficialmente conhecem um assunto, dão-se a intermináveis apreciações a respeito dele, como que dominados pela preocupação única de darem, a quem tem a desgraça de ouvi-los, a impressão de que o conhecem, de que lhes é familiar e não lhe reservou segredos.

Deves ter visto, em frente de qualquer coisa em exposição, pessoas abstratas na contemplação dos objetos em evidência, caladas, concentradas, e tanto mais atentas quanto mais artístico, ou mais invulgar é o motivo do seu exame.

Em orientação contrária, deve ter visto tagarelas falarem do que vêem, com grande despejo e atrevimento, dizendo banalidades e toleimas, pegadas umas nas outras, como as contas de um rosário de velha beata.

Falam, falam sempre, sem se importarem se incomodam ou irritam os ouvintes, vítimas da ignara loquela do insciente crítico.

E' de todos os tempos a anedota do sapateiro de Apeles, que por ter sido atendido na sua crítica à sandália, se permitia o luxo de dar opinião sobre a estética da perna.

Os néscios que presumem saber em qualquer assunto, não admitem, ciosamente, que outrem os contradiga. Se, de fato, sabem, limitam-se a sorrir, desdenhosamente, às proposições alheias, quando as não capitula de parvas; se não sabem, entregam-se a um grande dispêndio de argumentação pretensiosa, destituída de lógica, falha de senso e de probidade.

Não hesitarão ante dificuldade alguma. Sustentarão os mais engenhosos disparates, como as mais disparatadas teorias, sem outra intenção que a de mostrarem que sabem, e de, pela propositada confusão, estabelecerem a dúvida ou a perturbação no espírito alheio, como as têm no espírito próprio.

Vê-se isso nos que falam e vê-se nos que escrevem.

Há lindos períodos literários, cheios de sonoridade, de um sabor esquisito e original, propositadamente encastelados e pacientemente cerzidos, que não resistem à mais ligeira análise do senso prático. Falta-lhes a propriedade, por faltar o conhecimento específico a quem os manejou. Perante a verdade e a arte são um aborto; e em face do saber próprio a cada assunto representam um atentado, que, pela enormidade, desperta o riso como um ataque de cócegas.

Há frases feitas, que repetem de mnemônica, como quem reza maquinalmente o padre-nosso. Em qualquer lugar as encaixam, sobre qualquer motivo as dizem, como um ritornelo cantante que lhe afaga o ouvido.

E, infelizmente, esses são quase sempre triunfadores.

São os atrevidos. Avançam aos encontrões à lógica, ao senso comum, e à verdade, mas avançam; porque os outros se afastam enojados ou receosos, sem que da sua covardia ou da sua timidez arranquem energia para lhes embargar o passo.

E é assim que se forma opinião. Um tolo tem sempre outros tolos que o admirem; e um néscio encontra fácilmente quem lhe espalhe as necedades.

Luxam em falar das coisas de mais difícil percepção e de que mais ignoram, como se no mistérioso atrativo a que obedecem encontrassem a causa primacial para atrativo alheio.

Não trata do que lhe é familiar e vizinho. O que conhece é ínfimo. Como lhe não desperta o interesse não serve para iscar a admiração dos outros.

Não reflete que o que imagina conhecer lhe é tão estranho, na boa verdade, que toda uma longa existência não chegava para o apreciar em todos os seus característicos, desde a sua inicial origem até às suas derradeiras e vulgares manifestações.

Não levo a exigência ao requinte de querer que alguém, para se presumir de sabedor em qualquer ramo da inteligência humana, carecesse profundar, até às raízes, os conhecimentos que enobrecem e enriquecem essa inteligência.

Era uma aspiração que conduziria aos hospitais de doidos quem tentasse dar-lhe realidade.

O meu querer, porém, é razoàvelmente simples.

Entendo que ninguém se deve meter a prelecionar senão em assunto que vulgarmente conheça, e a que particularmente haja dedicado a sua atenção e o seu estudo.

Acho nobre um ignorante que confessa ignorar; acho intolerável quem se gabe de prendas que não possui e se jacte de ciência que lhe é estranha.

Cada um em seu lugar.

Quem estuda matemáticas, poderá vir a saber de matemáticas; mas estudar matemáticas e querer dar sentenças em metafísica, é querer saber de mais.

Os pretensos sábios daí, não conhecem do Universo, senão aspectos. Efetuam os seus estudos por tentativas, captam os resultados por induções. Desconhecem o «substractum» das coisas, a origem de tudo. Se o desconhecem, porque o negam?

Se lhes fizerem a pergunta, responderão: — e se não possuem a ciência certa, porque afirmam?

E' intuitivo que essa disputada controvérsia será só entre os que aí se conservam.

Nesta hipótese, os últimos poderão responder que, no campo da filosofia positiva, a natureza das coisas repele o princípio de que haja efeito sem causa, e que exista causa sem haver quem a haja criado.

E' a este Criador que a consciência simplista resolveu dignificar e adorar. Não importa o nome. Batizou-o para lhe imprimir personalidade, para o fixar concretamente no seu cérebro, no seu coração, na sua vida.

O princípio é que é tudo.

A esse nome, ou a esse princípio, associou o homem a ideia da grandeza máxima que a sua imaginação pode vislumbrar.

Considera-o o centro irradiante de toda a atividade e o dínamo de toda a energia. Vê nele a nascente de toda a vida, o foco de toda a inteligência, o exemplo da perfeição maior.

Moralmente e psicològicamente, a palavra — Deus — evoca à nossa razão a ideia da esperança em nosso exaspero, e da calma em nossa angústia.

E' para ele que tendem todos os nossos pensamentos bons e elevados, como é para ele que volvemos os nossos olhos súplices, nos transes do desespero ou da aflição.

E' o refúgio a que se pode pedir acolhimento nos momentos de atribulação, quando tudo em nossa volta é já falho ou derruído; é de onde vem a derradeira consolação quando todas as esperanças são mortas, quando todos os socorros são ineficazes, quando tudo nos abandonou. E' o paládio augusto onde se refugiam os desgraçados que já têm uma palavra amiga que os anime, uma ilusão que os console, uma esperança que os encorage.

Herdamos de milhares de gerações a sede insaciável e devoradora de saber, que nos impele a queimarmos a vida na fornalha calcinante do estudo.

O desejo de conhecer, quando é uma aspiração consciente e disciplinada, eleva-nos, espiritualiza-nos. Temos sempre um ideal como alvo a atingir.

Buscamos em tudo esse alvo: — a Perfeição.

Porque persistimos em procurá-lo? Porque instintivamente, ingênitamente, sabemos que ele existe.

Nenhum insucesso na porfia fará minguar o interesse na investigação.

Pode desanimar um investigador ou uma geração de investigadores; mas o móbil impulsionador da investigação existe, eternamente latente, eternamente acionando.

Buscamos sempre a origem e o destino de tudo.

A nossa razão diz-nos que não há coisa que não tenha fim determinado, que não tenha lugar na metódica organização universal.

Não pode haver nada supérfluo.

Buscamos, pois, incansàvelmente, a causal de tudo.

Se o homem, nas suas longas jornadas e nos seus pacientes e seculares esforços, vem encontrando essa causal luminosa, inteligente, soberanamente perfeita, em todas as florações da Natureza, desde o inseto ao elefante, do miosótis ao roble, das profundezas dos oceanos às profundezas do Espaço, dos infinitamente pequenos aos miríades de mundos dependurados no Infinito, desde os mistérios da força aos mistérios da luz; se em tudo vem descobrindo o seu traço ingênito, a sua vontade, o seu poder fecundo e inexaurível, porque havemos de negá-lo?

Porque não o vemos?

E quem vê tudo que pressente e de que conhece manifestações?

Ninguém vê aí o som que vibra em intermináveis ondulações através do éter. Ninguém vê aí a eletricidade que plena o espaço, e que, dentro em si própria, dirigida e impulsionada pela vontade do homem, percorre distâncias sem fim, levando nas suas asas a voz e o pensamento humano.

O índio na floresta conhece a quase invisível pegada do viajante, que não viu; o cão, no descampado, fareja o dono que está ausente. E vão dizer ao cão que o dono não existe, e ao índio que o viajante não passou!

*
* *

E' vulgar ver-se aí os mais intransigentes sectários de uma ideia proclamarem o livre exame, o livre pensamento, a livre propaganda.

Observe-se, porém, para que é tanta liberdade.

E' para examinar, dissecar, polarizar, destruir as doutrinas e as ideias dos contrários; é para livremente e sem embaraços propagarem e difundirem os próprios ideais; é para poderem, no pleno exercício da sua ação sectária, reduzir os outros a pensar como eles querem.

Não importa saber se as suas ideias, as suas doutrinas, as suas opiniões, serão melhores e se serão as verdadeiras.

E' coisa inútil. Se houvessem de se preocupar com isso para que servia a liberdade?

Que vantagens auferiam da sua intensa, da sua tenaz labuta, em favor do livre exame e do livre pensamento, se não pudessem examinar livremente as ideias e a vida dos outros, se não pudessem livremente pensar que elas são más, são detestáveis, e como más e detestáveis se devem banir e destruir?

Se houvessem de obedecer à mais ligeira peia à livre

expansão do que lhes tumultua no cérebro, e do que lhes segrega o fígado, não havia mister de se esfalfarem, pregando as ridentes e consoladoras doutrinas da Liberdade.

Para que há-de servir a liberdade, senão para fazermos o que nos apraz?

Não conheci aí ninguém mais intolerante, do que quem falava só em permitir tudo. Não vi mais sedentos verdugos da liberdade, que aqueles que envergavam a clâmide branca dos seus sacerdotes.

Os tiranos de todos os tempos perseguiam e trucidavam quem pretendesse discutir ou cercear as suas liberdades. Não se admitia que houvesse a sombra de uma ousadia em menoscabar a arca santa das suas prerrogativas. O que o fizesse seria fulminado como o irreverente da Arca de David.

Todos os inquisidores proclamavam a necessidade salvadora de se evangelizar, de se espalharem conhecimentos que educassem a Humanidade, de se difundir a luz a jorros, que iluminasse os cérebros e as consciencias.

Faziam todos, porém, uma pequena restrição: — o evangelho a missionar devia ser aquele em que eles lêssem; os conhecimentos a espalhar só os que lhes fôssem convenientes; a luz a difundir só a que pudesse coar-se pelos seus cérebros.

Modernamente sucede coisa semelhante. A peça é eternamente a mesma. Os artistas é que mudam de nome, cambiam de cenário, para darem a ilusão da novidade. Apresentam-se com roupagens novas; mas a execução da velha tragi-comédia humana é sempre igual.

Cada personalidade crê-se um ser privilegiado, o depositário único da verdade.

Só é puro e bom, só é verdadeiro e útil, o que sai do seu laboratório, da sua cerebração, quiçá da sua utopia.

Só pode correr o que tiver o seu — vale —. Marca registrada. Privilégio em todo o mundo.

O que provier de outrem, é contrafação para perseguir. Quem discordar das miríficas virtudes por eles apregoadas, é díscolo, é iconoclasta, que se não lança às feras para não se repetir o milagre de elas se mostrarem mais compassivas que os homens; que se não empala nem queima, porque deixou de ser moda esse gênero de testemunhar temor por alguém; mas que se persegue, desacredita e mata, à fome ou a tiro, como justa punição de se ter dado ao luxo de também querer ter liberdade de pensar e de dizer.

Quem há aí que, olhando em volta de si, não encontre exemplos sem conta destas vítimas miseráveis a quem se diz em voz alta: — Pensa; mas a quem, por todos os modos se ilaqueia o pensamento, para que o revolva e requeime só no próprio cérebro, de modo a que a sua exteriorização não venha pôr sobressaltos de contrariedade nos pensamentos dos magnânimos senhores, que tiveram a generosidade de os mandar pensar? Aí, por cada praça pública, há sempre um salvador para a Humanidade.

Ou lhe oferece teorias redentoras, ou lhe impinge mágicos frasquinhos onde alambreia misterioso licor.

Ambos apregoam panaceias; ambos gesticulam promessas; ambos gritam que a pura, a genuína salvação, está na sua palavra ou na sua droga.

Tudo virtuoso, tudo milagrento; mas a virtude e o milagre residem e brilham só no que eles oferecem.

O que os outros apresentam — sem ser para desfazer — são ideias de fancaria, ou água chilra, que não destrói calos nem tira dentes sem dor.

Coisa reles, com que os outros, os especuladores, pretendem embair o público.

Portento genuíno da inteligência humana, centelha de gênio, só o que eles enaltecem.

E todos têm o seu público, os seus crentes, os seus defensores, os seus fregueses; e há fregueses, que, pelo sim e pelo não, adoram todos os palradores, e compram a droga boa e a droga má, com fé igualmente em ambas.

Ora, há sábios modernos que afinam muito pelo diapasão daqueles pregadores da liberdade, e destes oráculos das multidões.

A faculdade de pensar é privilégio só dos seus cérebros rutilantes; as teorias puras são só as engendradas pelas suas místicas cogitações, a droga fina, a que sai da sua retorta.

Fora deles não há ciência. Os que pensam diversamente desses miraculosos oráculos da Sabedoria, são ingênuos ou tolos, se se dignam reconhecer-lhes boa fé; ou são charlatães e maus, se se lhes podem inquinar as intenções.

Profetas, só eles!

Só a Asneira é grande, e estes sábios os seus profetas!

Não suponhas, todavia, que eu cometo a insigne injustiça de nivelar, com a mesma vara, todos os sábios. Não.

Há «sábios» e sábios.

O pesquisador laborioso e modesto da Ciência, que queima o cérebro e consome a vida forrageando a verdade, e a arremessa em parcelas, à proporção que a vai colhendo, pelas janelas do seu laboratório fora, sem querer saber quem a apanha e aproveita; o pensador, o psicólogo, o filósofo, o sociólogo, que faz vibrar o seu pensamento, no estudioso remanso do seu gabinete, em busca de remédios para os males morais de que enferma o homem e a sociedade; que corrige pela brandura, ensina pela persuasão, com a tolerância da bondade, a grandeza da superioridade, a santidade da missão; — os químicos, os fisiologistas, os mecânicos, os anatomistas, que preparam, estudam, inventam ou analisam, com a preocupação exclusiva de serem úteis à coletividade; que arrancam à Natureza os seus segredos e desvendam os seus mistérios, sacrificando o sossego, a saúde, a vida, e atiram tudo ao mundo com uma prodigalidade de nababo, com uma abnegação de santo, sem indagarem a quem vai servir, nem solicitarem, sòrdidamente, a gorgeta da celebridade, esses são os verdadeiros obreiros, as andorinhas primaveris do saber humano, os verdadeiros missionários da luz e do bem, humildes e filantrópicos, tolerantes e generosos, trajando andrajos, e de pés lacerados pelos espinhos da andada. São os instrumentos da Perfectibilidade, os escolhidos de Deus — luminares que Ele acende no meio da cerração; estrelas dependuradas nas eras como os sóis dependurados no Espaço.

Esses, como a «Caridade», de Alves Mendes, brilham sem ofuscar, aquecem sem queimar, ensinam sem ofender. Consideram-se, a si próprios, simples obreiros da Civilização; e se a admiração e o carinho dos seus coevos os não vai procurar ao isolamento do seu recesso, passam esquecidos, perdidos na multidão, como pérolas no fundo do mar.

Não vêm à praça pública, de túnicas berrantes e lantejouladas, tocar a campainha do reclamo, e, charlatanescamente, enaltecer os méritos próprios e depreciar os alheios; oferecer, sôfregamente, a sua mercadoria, desacreditar a dos outros, e reclamar, para si e confrades da igrejinha, o monopólio do saber, da honestidade e do talento.

Usufruem a sua liberdade sem acotovelarem ninguém.

Não baforejam tolerância, mas cultuam-na no coração.

Têm a alma sempre aberta a todos os ideais, e a consciência sempre tranquila no equilíbrio da sua justiça.

Para eles a verdade é só uma, quer troveje na boca de um deus, quer reflita da boca de um sábio, quer se solte da boca de um ignorante.

As suas opiniões não estorvam as dos outros, nem as dos outros os incomodam.

Sabem que o mundo é grande para nele caberem todos os ideais; e sabem que do atrito e do choque de todas as ideias, como do choque das pederneiras, é que chispa a luz.

O mundo — noz rolante no Espaço, ilha perdida no Infinito — é uma das estações onde o espírito humano vai hibernar, como a andorinha. E' uma das escolas-oficinas do Eterno, onde a Humanidade vai estudar, educar-se, colhendo, numas parcelas de correção, o melhoramento progressivo que há-de conduzi-la a uma perfeição ideal.

Apesar de pequeno, mais infinitamente pequeno é o homem; por isso todos têm nele o seu lugar.

Para que se destaquem, segundo os seus méritos e

serviços, basta que sèriamente trabalhe cada qual no seu casulo. Não precisa invadir o dos outros.

Não necessita amesquinhar ou destruir o que não é seu, para que o que lhe pertença tenha valor — se realmente o possuir.

O seu trabalho sereno é incomparàvelmente mais proveitoso do que o seu intrometimento na ação do vizinho.

Todos os esforços se devem conjugar num sentido uniforme. Quem não fizer assim perturba a vida social, como um zangão perturba a vida laboriosa de uma colmeia.

Infelizmente, todos nós conhecemos aí desses zangãos.

Fátuos intrometidos, escravos da rotina ou da pretensão, fazendo ruído para que os ouçam, mexendo-se para que os vejam, barafustando para perturbar os outros.

São os filhos da Inveja, os sectários da Intolerância.

Param, cristalizam, e não permitem que haja quem possa passar avante.

Risíveis criaturas, embiocadas nos seus mantos de potestades!

*
* *

Eu ia descambando em rajada de mau humor. Ia perdendo a serenidade.

E quem a não perde sempre que perscruta o insondável abismo que constitui aí a personalidade humana?

Se lhe estudamos a parte sã, a parte boa e sensata, encontramos-lhe tanto amor, tanta abnegação, tanta bondade, que ainda aos mais endurecidos sensibiliza; mas se nos debruçamos sobre o poço sem fundo da malícia dessa personalidade, não há músculo que se nos não contraia, sentimento que se não revolte.

E então o riso, a ironia, o espírito, são frágeis vergônteas para flagelar a epiderme calejada de tão ruim animalejo. E' necessário o arrocho da indignação e da severidade.

Os temperamentos mais fleumáticos e tolerantes não deixam de revoltar-se ao verem, em plena nudez, as qualidades más que deformam a Humanidade; e assim como um cirurgião não hesita em amputar um membro gangrenado do corpo humano ou o médico não deixa de receitar o ferro em brasa ou a massa cáustica para cauterizar mordeduras venenosas, esses serenos fleumáticos não hesitarão em zurzir os indivíduos gafados e morrinhosos, como que para os expulsar do rebanho são.

Não te admires de que eu o faça daqui, e o não haja feito enquanto estive aí.

E' que, enquanto na Terra, o mundo circunscrevia-se à sociedade especial, de fino quilate espiritual, em que vivia.

À parte má e hidrófoba da raça humana, não a conhecia de perto. De umas torquesadas com que me alvejaram a pele, absolvia-a de boamente, com o desdém de pessoa que se não queria dar por atingida. Era-me deliciosamente agradável demonstrar a minha invulnerabilidade aos dardos arremessados por essa manga de zulos da Civilização, que eu pressentia, mas com quem não queria tomar contacto.

Hoje, porém, vejo-os no seu revolutear de vibriões, e nem sempre posso dominar o enauseamento ou a revolta que me provocam.

O temperamento pacífico e bondoso de uma dessas criaturas que passam a vida a chorar as maldades humanas, talvez se apiedasse, por ver quão atrasada ainda está a parte intelectual da espécie. Mas eu não sei lamuriar-me. Não nasci para mártir, nem para missionário da renúncia. Revolto-me, indigno-me, quando a agrura do assunto, a apreciar, me fere a sensibilidade mais vivamente, e me faz saltar fora de trilho sereno e liso da minha fleuma habitual.

Tu sabes lá o que é poder ver clara e nìtidamente o homem na sua feição negativa, na sua feição orgulhosa, na sua feição soberba?

Fazes lá ideia que monstruosa caverna é um cérebro onde se aninha a vaidade, a ambição malévola, a intriga e semelhantes sentimentos, que aí passam ocultos à vossa vista desprevenida e leal?

Prometo, porém, diligenciar não perder a minha calma serenidade do costume.

Eu, conquanto não tenha vocação para missionário, não desdenho o poder fazer o bem de ensinar um pouco. Ensinar a corrigir; e não ensina nem corrige quem não é sereno.

Obtemperando aos sorrisos significativos dos que só me conhecem através as minhas obras aí legadas, direi que, se me falta a tradição e o hábito de preletor escolástico, me sobra a experiência, comparada com a minha vida terrena; e não carece mais quem já não precisa de mais estátuas, nem quem não deseja propor-se a deputado pelo seu burgo.

Ora, eu entendo que quem tem a preocupação de ensinar alguma coisa, tem de ensinar com brandura, suasivamente; abandonando os repelões e a férula dos antigos mestres-escolas, que não serviam para convencer, nem para edificar.

Constituía meio de intimidação, pretexto para fazer descontentes e detratores.

Vou, pois, tentar empregar só a linguagem da razão fria e tranquila, como a de um professor de Física.

Nem a tolerância dos passa-culpas, nem a fera catadura dos catedráticos universitários.

Que pretendo eu?

Ensinar? Modificar? Construir?

Se assim é, preciso ter paciência e persistência; e qualquer destas duas raras virtudes não se casam com a irascibilidade.

Quando a irascibilidade assenta arraiais em nosso cérebro e em nossa vida, estupidifica-nos, bestializa-nos. E' como se sobre a nossa inteligência se lançasse um negro véu de ódio, que nos fizesse ver tudo escuro e mau.

Um homem irascibilizado não difere muito de qualquer fera de presa aguçada e garra recurva. E se difere, é para pior.

Não sei bem se o meu mau humor deixou vestígios das qualidades ruins, que lhe são iracundo fermento.

Se deixou, que mos perdoem, que eu... assim mesmo os deixo ficar.

Prossigamos, pois, no assunto, que mais pode interessar.

Ser homem, na Terra, não é ser simplesmente um animal bípede.

A razão, a inteligência e a vontade constituem-lhe um apanágio, que mais nenhum outro animal possui, ou, pelo menos, que só muito rudimentarmente possui.

Essas qualidades dão-lhe uma preponderância absoluta sobre todos os outros seres; mas impõem-lhe responsabilidades indeclináveis e deveres inalienáveis.

Responsabilidades e deveres perante Deus, perante os seus semelhantes e perante sua própria dignidade.

A sua função humana não se limita só ao alimentar-se para viver, e ao procriar para se não extinguir a espécie. Isso faz o sapo, isso faz o asno.

Até no alimentar-se, a inteligência, que lhe ilumina a vida, lhe ensina uma infinidade de modos para condimentar o pão de cada dia.

Essa inteligência extrema-o e seleciona-o entre todos os seres. Existe nele alguma coisa de superior, de progressivo, de elevado, que o deve dignificar perante os seus próprios olhos, e que deve aproveitar em benefício próprio e alheio, sem que por essa superioridade se deva envaidecer.

A inteligência é uma faculdade natural, independente da sua vontade e da sua diligência.

Possui-a como os pirilampos possuem a faculdade de iluminar de noite, e as algas marinhas a de fosforecerem nas ondas.

Só terá mérito se a souber educar, se fizer dela uso mais digno do que aquele que o porco faz da própria estupidez.

Ora, em saber fazer esse uso, é que está toda a dificuldade.

Há homens que, no uso que fazem da inteligência, envergonhariam os cães, se estes tivessem a desgraça de os contarem na sua raça.

Empregam-na só em desproveito seu e dos outros. Aguçam-na para fazer mal, como um fadista afia uma navalha para cortar melhor.

Ora, não é isso que deve fazer.

Deve cultivá-la, educá-la, enobrecê-la. Fazer dela a luz divina que lhe ilumine a alma, e sobredoure tudo em que a sua vontade trabalhe; fazendo que as coisas, em que incida essa luz, tomem o verdadeiro, o natural aspecto que a Natureza, na sua simplicidade santíssima, lhes prestou.

Na busca, na análise de tudo que for encontrando pela vida fora, deve procurar ver claro; deve em tudo procurar a justa medida de um juízo equilibrado e são. Se assim o não fizer, mal lhe virá.

Não se deve empecer o caminho aos outros, nem dar abrigo à inveja nem à maldade.

Há no mundo ensejo para que todos possam evidenciar as suas faculdades e as suas qualidades. Todas as profissões enobrecem, quando exercidas com dignidade; e a dignidade pode irradiar tanto de um modesto varredor das ruas, como dos nobres velha-rocha, com avoengos na Távola Redonda.

O que cada um deve fazer, é cultivar a sua natural aptidão.

A quem tiver amor pela música, manda o bom juízo que se não faça sapateiro, para evitar aos graciosos o prazer malicioso de perguntar-lhe quem lhe ensinou a tocar rabecão.

O grande mal, porém, é que todos procuram iludir-se. Colocam-se fora do âmbito em que conseguiriam distinguir-se, para irem anular-se, constituindo desajeitado e ridículo trambolho num âmbito estranho, impróprio.

Não suba nunca o sapateiro acima da sua chinela.

Todos nós aí conhecemos um ótimo operário, ou um ótimo artista, que foram dar em detestáveis burocratas; e um ótimo burro, que concluiu por bacharelar-se em qualquer coisa, para que Deus o não fadou.

Não teria sido melhor terem ficado no lugar que a habilidade ou a tendência natural lhes havia marcado?

Era; mas obedecer à Natureza era um fenômeno vulgar, que brigava com a querida ambição humana, de destacar-se pela contradição.

Ele entende que a maneira de se notabilizar é arrepiar em tudo; é fazer o contrário do que seria simples e lógico que fizesse.

E' por isso que quase toda gente detesta, honradamente, a sua profissão, e ama, e ambiciona a dos outros; desdenha do que sabe, daquilo em que podia, realmente, falar com vislumbres de consciência, e com alguns direitos de propriedade, para meter-se a falar em tudo o que não compreende, a sentenciar em coisas de que nem faz ideia.

Se se trata de filosofia, toda a gente é filósofo; se se fala de maleitas, todos receitam especialidades de maravilhosa eficácia; se se fala de arte, sente cada um brotar de si um erudito e autorizado crítico.

Do que ninguém fala é do que sabe; mas, se ouve os outros irem meter foice na sua seara, sorri, com supino desdém, das necedades que eles despejam, caudalosamente, com entonos de magíster.

Nesse desdém picante, esquece que, enquanto os outros dizem asneiras naquilo de que ele sabe falar, se conserva calado; para em seguida repetir, por sua conta, a mesma farsa ridícula, começando a falar em assuntos de que só os outros percebem, levando-lhes, a eles, o sal que os fará sorrir com igual compensador desdém.

Não era melhor cada um amar a profissão em que vive, fazer dela o seu casulo, a sua capela; procurando aconchegar-se no seu agasalho, produzir pelo seu saber, e tornar-se verdadeiramente útil e respeitável pela identificação com o seu mister?

Assim viveria sem escárnio e sem atritos. Conseguiria ajustar-se ao seu meio, como um êmbolo à bomba de uma máquina.

Nas grandes fábricas, onde existe estabelecido o princípio da divisão do trabalho, cada artífice labora só numa determinada especialidade. Sempre a mesma. Não aprende mais, nem tem que pensar em mais; mas, na confecção dessa de que trata, atinge uma perfeição e uma agilidade extraordinárias.

Cada operário destes é um mestre. Consegue aliar o máximo possível da correção ao máximo possível da produção.

Nas fábricas onde esse princípio não vigora, cada artífice sabe de tudo, não tem especialidades; mas também não é especialista em coisa alguma, e tudo quanto sabe é incompleto, imperfeito.

E sucede assim em todas as coisas subordinadas à atividade humana, quer seja na ordem física, quer na ordem espiritual.

A razão foi dada ao homem para apreciar, ponderar, discernir.

E' o produto acumulado do saber, da observação, da crítica; é a resultante lógica da educação, da apreciação serena e fria, da assimilação de tudo sobre que a nossa inteligência incide.

A razão é a parte prosaica da nossa espiritualidade; é o senso prático.

Ter razão é ter conhecimento, é ter autoridade, é ter o direito.

A razão é um valor positivo, que se adquire com o trabalho e com o estudo, iluminados pela inteligência.

A inteligência é uma faculdade natural, emergente da alma. Irrompe simples e espontânea, como a água da nascente. A razão é uma faculdade convergente: provém de emoções externas. E' o produto acumulado de todas as conquistas da inteligência, concatenadas, metòdicamente selecionadas e arrumadas pela faculdade crítica do bom senso de cada um, da habilidade rara de saber viver.

A observação, pràticamente equilibrada, só poderá produzir, através do crivo miúdo de uma inteligência regular, uma razão justa e perfeita.

Todos os fatos e todos os sentimentos que à nossa vista se deparem, quer na ordem psíquica, quer na ordem material, desde que começamos a discernir e a apreciar, lançados em um cérebro perfeito, como em uma retorta perfeita, transformam-se em razão. Equivale a uma operação química em que os reagentes são a inteligência e o bom senso.

Deve, pois, o homem, em qualquer ato da sua vida, procurar ter razão.

Para isso basta que se eduque e corrija.

A inteligência terá a que lhe coube; razão pode ter a que adquirir.

Para consegui-la é mister que por demorado estudo aprenda a extremar o justo do injusto, como aprende a distinguir os sons e as cores. Com o conhecimento exato dos efeitos das cores e dos sons, pode chegar a obter maravilhas na sua aplicação estética; com o conhecimento exato das «nuances» nos sentimentos e nos fatos, que se lhes desenrolam na própria vida, ou no meio em que evoluciona, pode chegar a conseguir maravilhas de nitidez e de justeza na sua crítica, no seu modo de pensar, e na sua forma de exprimir e de proceder.

Deve o homem ter a razão como a sua primeira força, a principal arma da sua inteligência, a sua mais forte vibração, o mais sólido pedestal de toda a sua ação consciente.

A inteligência, a razão e a vontade, sãmente impulsionadas, formando um todo homogêneo, constituem uma força sem igual.

Uma inteligência lúcida e uma razão justa hão-de produzir uma vontade inabalável; e uma vontade inabalável, servindo uma inteligência lúcida e uma razão justa, consegue tudo que é possível conseguir-se na situação em que cada indivíduo se encontre.

Tem, pois, o homem necessidade de apurar e educar a sua inteligência, a sua razão e a sua vontade, como quem valoriza o mais rico patrimônio indispensável à vida.

Não deve supor que nasceu feito. Nem física nem moralmente nasceu completo.

Fìsicamente, nasceu pequeno.

Tem em si todos os germens e todos os elementos necessários ao seu natural desenvolvimento. Para isso precisa só valorizá-los com tempo, saúde, alimento e exercício. Na parte psíquica também nasceu pequeno. Nasceu materialmente bruto. Tem em si, igualmente, todos os germens e elementos para o seu regular desenvolvimento.

Para os desenvolver carece também de tempo, saúde, alimento e exercício.

O tempo vem com a vida; a saúde com a vida e com

o cuidado; o alimento adquire-se com a agência, e o exercício com a agência, habilidade e seleção.

O alimento, para a parte física, é aquele que é suscetível de ser ùtilmente ingerido no estômago, digerido e assimilado, e vai entrar, naturalmente, na economia animal, transformado em glóbulos sanguíneos, que alimentam a vida molecular no organismo; o da parte psíquica é o estudo que o homem pode apreender, e que vai desenvolver-lhe e aperfeiçoar-lhe as faculdades da inteligência e enobrecer-lhe as qualidades da alma.

O exercício para o corpo consegue-se com o desenvolvimento da ginástica física, desde a aspiração labial para a absorção do leite materno, ainda antes de se abrirem os olhos, até os requintes da perfeição nos jogos atléticos; e para a inteligência e para a alma, nas manifestações da ginástica cerebral, desde o aprender a distinguir a luz da treva, e a balbuciar os primeiros sons que constituem a dulcíssima palavra — mãe, até as lucubrações da mais transcendente filosofia.

Quem se não alimentar bem fìsicamente ou não tiver em si boas faculdades de digerir e assimilar, terá um organismo enfesado, raquítico, animalmente incompleto.

Quem não estudar, ou não tiver boas faculdades de percepção, de retenção e de assimilação, será um mentecapto, um ignorante, um desequilibrado, espiritualmente imperfeito.

E' deste alfobre que saem os que de tudo falam, de tudo sabem, e que, em manifestações de uma irrisória superioridade, tudo negam e de tudo se riem...

A individualidade humana, porém, jamais passará além de uma certa meta.

Sob o ponto de vista animal não há alimentação, higiene, cuidados, esportes, óleos de fígados de bacalhau, nem ferro Bravais, que a façam crescer mais uma polegada.

Sob o ponto de vista moral e espiritual, não há cuidado nem estudo, que a faça avançar além do limite, naturalmente esperado, na evolução dos conhecimentos humanos dentro da mesologia em que se encontrar.

Estes conhecimentos, nas ciências naturais e concretas, são evolucionistas e progressivos; nas ciências morais e abstratas, são limitados e quase estacionários.

Nas primeiras, hoje, um estudante medíocre sabe incomparàvelmente mais que os grandes gênios da antiguidade; nas segundas, o que um grande gênio de hoje souber, não se distanciará nada do que, nas eras perdidas pelos meandros do Tempo, se sabia já à maravilha.

Toda a sinergia humana deve, pois, procurar atingir o máximo do razoável; e para o atingir não deve menosprezar nunca o mais ligeiro elemento, ou o mais insignificante indício. Os grandes rios começam em pequenas nascentes; as grandes florestas formam-se de pequeninas sementes.

Não se deve abandonar, pôr de parte, uma ideia ou um fato, sem que seja estudado, escalpelado, e apreciado sob todos os aspectos possíveis.

Só à irresponsabilidade mental será lícito argumentar por conclusões «a priori», sem exame, sem análise — sem consciência.

*
* *

Parece que, como Deus ao pôr o homem na Terra, lhe teria dito: — progride, lhe terá dito também: — escolhe.

Assim como na luz branca reuniu todas as cores do espectro conhecido, e, seguramente, uma infinidade de outras a que a nossa visão aí não é sensível, assim deu à alma humana uma profusão extraordinária de sentimentos, numa rica policromia espiritual.

Cada alma emociona-se por maior ou menor número deles; vibra com maior ou menor intensidade, segundo o grau de perfeição a que já atingiu, tal como a visão distingue as cores que a ferem, conforme a sensibilidade que possui e o alcance da retina que a serve.

A escolha, a seleção, o cultivo daqueles sentimentos, obedece à educação psíquica, à estética sutil da espiritualidade, como o gosto pelas cores, e a sua utilização obedece à educação estética e artística, que formam a parte superiormente bela da educação física.

Deus pôs na alma humana os germens dos mais variados e antagônicos sentimentos, e deu-lhe a faculdade arbitrária de escolher, cultivar e desenvolver, em si própria, os que melhor aprecie, os que mais ame ou aqueles que lhe pareçam mais úteis ou mais belos.

Para conhecer e escolher é que lhe deu inteligência, razão e vontade.

Que é preciso ao homem para que faça escolha acertada?

Uma aspiração que o norteie, como bússola por que se guie.

Ora, essa aspiração deve ser o escopo a alcançar.

No exercício libérrimo da sua inteligência, deve escolher o fim a que destine a sua vida, e, depois, enveredar, com segurança, a passo firme, à inglesa, por ele fora, até o atingir, ou, quando menos, até se aproximar o possível.

Não se deve abandonar à aventura, para não correr risco de temeroso naufrágio.

Há duas individualidades distintas no homem. São o «Eu e a Besta», de Xavier de Maistre; ou a «Matéria e a Alma», dos espiritualistas.

Seja como for, é inegável essa duplicidade na mesma organização; sucedendo, na maioria dos casos, que vivem em permanente desacordo, ou em eternas recriminações, como dois cúmplices do mesmo crime, presos pela mesma grilheta martirizadora.

E' o desacordo um fato natural. A alma encarna nesse mundo para modificar-se e corrigir-se em qualquer defeito, carecida de melhoria. Logo, o corpo em que se vem ergastular, para cumprir a sua função providencial, terá que contrariar aquela claudicação anímica, e a alma terá que censurar, e reprovar muitos outros casos, em que o corpo se compraza por serem inteiramente conformes ao seu modo de ser animal, ainda que em desacordo com a perfeição espiritual que, relativamente a ele, a alma possa já ter conseguido.

Havendo, pois, essa dualidade, e cada uma das suas

partes com gostos e necessidades naturalmente desiguais, é útil que cada pessoa veja para qual dos lados deve propender; ou, quando melhor: — diligenciar harmonizar ambas..

Na primeira hipótese é indispensável fazer estudo raciocinado e consciente do que lhe deverá ser mais de aceitar e servir: se um provável bom futuro longo, mas espiritual, se um bom futuro certo, material e curto.

Se optar pelo primeiro deverá assentar em uma vida de renúncia, de abnegação, de humildade. Ser paciente, ser caritativo, ser amoroso.

Abjurar de vaidades, de orgulhos, de ódios. Trilhar por lisa estrada de lealdade, de altruísmo e de bondade.

Fazer da sua vida cristalino templo de simplicidade; e caminhar pela vida material com a serenidade e a firmeza de quem se desempenha dum dever brioso.

Prestar largo culto ao trabalho, e à honra própria e alheia, e banir tudo que a sua consciência lhe não aprove, numa ampla e acentuada conformidade amiga.

Deve ter sempre presente, no seu espírito, que essa vida é de efêmera e transitória estabilidade, e que não devem caber nela paixões ruins, rancores, maledicência, invejas, nem egoísmos.

Assim, sem descurar nenhum dos predicados que na Terra fazem um homem bom e honrado, terá cuidado de todos aqueles que fazem uma alma perfeita, para a grande vida espiritual.

Escolhe o segundo caso? Então a vida deve ser norteada para caminho oposto.

Deverá prestar culto a todas as faculdades que nobilitam o «eu» aí na Terra. O orgulho, como dignificação própria, deve substituir a humildade. O egoísmo deverá retomar o seu lugar, substituindo a renúncia e a abnegação, procurando, em todas as funções da vida, que o predomínio do cérebro suplante o do coração.

Se for regularmente formado e a educação lhe houver equilibrado a razão, pode ser um homem: homem honesto, homem bom, homem reto, homem material. Pode fazer da sua vida uma casa aberta, arejada e limpa, mas fria. Não haverá a sentimentalidade a iluminá-la e a aquecê-la, e quando o amor acionar a sua existência, será para o baixar ao grau comum da animalidade, que o cio ou vício arrasta à procriação ou à luxúria.

Se, porém, é destituído da cremalheira dentada da educação moral, que lhe aguente a vida, no declive da bestialidade, então corre, precipita-se numa desorientação doida, como uma locomotiva sem governo; e se não acaba aí no prostíbulo, no hospital, ou na prisão, vai largando, a pedaços, pelos antros da degenerescência e do crime, tudo quanto de nobre, de puro e de idealmente formoso existe na organização humana.

Para este, se na escuridão pesada em que se lhe encerra a alma, houvesse uma frincha por onde entrasse a luz, que o deixasse ver a repelência da vida em que vegeta, como pólipo, havia um recurso só: — o suicídio.

Enquanto os primeiros terão na boca palavras de paz, e no coração o amor, estes últimos terão na boca gritos de maldição e no coração o ódio, o rancor.

Os primeiros deverão preferir perdoar a punir, ensinar a repreender; dar antes que lhes peçam; servir antes que o esperem; amar, ainda que sejam detestados. Os últimos hão-de punir sem perdoar; repreender sem aconselhar; exigir sem dar; querer tudo e não conceder nada, e detestar ainda que sejam amados.

Pode haver, é certo, quem no culto à vida terrena não caia nos desregramentos das almas mal formadas. Mas estes podem cair na molície, na preguiça, no culto à pele lustrosa e engordurada como cabelo de cigana.

Por estes não virá bem nem mal ao mundo. Pacatos, estúpidos, de cérebro inapto, alma embrionária, incapazes de grandes entusiasmos, quer na adoração quer na revolta, seguindo vida adiante, sem lhes dar que a água corra para baixo ou corra para cima.

Produtos brutos da matéria bruta, são inofensivos.

Vivem dentro do seu toucinho, e do seu egoísmo restrito e tímido, como uma tartaruga dentro da sua casca.

Não têm outro ideal que não seja o de comer, beber e dormir tranquilamente.

Para o conseguirem empregarão sempre o menor esforço.

Vivem dia a dia. Não têm planos traçados, nem vastas ambições a realizar.

Serão burgueses, burocratas, campônios, párias, mendigos, «lazzaroni», frades; contanto que não tenham de se incomodar muito.

Conhecem automàticamente as horas da ceva, do descanso e da lascívia.

Não querem saber se há Deus, e receiam que haja diabo.

São, com a mesma indiferença, crentes em qualquer religião ou descrentes de todas. Serão ateístas e supersticiosos, fanáticos e materialistas. Se-lo-ão por hábito, por impulso, por inércia, por insensibilidade. Seguem na fluência da vida, como uma enguia na fluência lodosa de um regato: — à babugem, e no remanso da corrente.

Sugam à vida o que dela podem extrair sem ralação. Não se lhes dá da arte, da ciência, da beleza, do sentimento.

O amor será a manifestação ciosa, ou a satisfação à concupiscência; a amizade a ligação conveniente, de que se possa tirar proveito.

Desconhecem as grandes emoções da incerteza, da revolta, da indignação e do desespero. Neles tudo é tranquilo como um lago fundo. Não são alheios à inveja, à intriga, à maledicência; mas usam-na discretamente, metòdicamente, repensadamente.

Resmungam quando rezam ou quando protestam; submetem-se por medo, por conveniência ou por comodidade. São serenos por apatia e trabalhadores por apertada necessidade.

Terão vida melhor ou vida pior, sem fazerem por nenhuma delas; e as coisas boas ou más vêm cair-lhes em cima, como lhes cai o sol ou a chuva, em despreocupada viagem.

Esses, vivem à margem da vida, aproveitando o que o espraiamento dela lhes leva no lixo.

Existe outra classe de homens com que que há contar sempre. São os que querem, e sabem querer.

São os que esmurram, e se esmurram, na conquista daquilo que apetecem.

Serão corretos e dignos, se dentro da correção e da dignidade houver campo para estabelecerem o seu arraial. Se não houver, saltarão para fora, e avançarão por sobre todos os obstáculos, como horda de vândalos.

Fora da linha que a honra traça a giz para demarcar o limite das ações lícitas, perdem o respeito a si e aos outros, e nada os contém mais. Serão burlistas, falsificadores, gatunos, assassinos. Serão tudo, contanto que atinjam o seu fim.

A lealdade, o brio, a honra, a virtude, a dignidade, são palavras vãs, expressões sem significação no dicionário para uso próprio. Desembaraçam-se da justiça, da consciência e do dever, como de fardos pesados que lhes dificultam a marcha, ou lhes tolhe os movimentos.

E' dentre estes que brotam, muitas vezes, os triunfadores, como é dos terrenos podres que brotam os cogumelos.

Esquecem ou recordam, como for oportuno às suas conveniências; amam ou desprezam os princípios puros, como for útil ao seu desejado fim.

Para eles, a sinceridade é uma fraqueza, a crença um estorvo, a piedade uma pieguice, o ideal uma falta de senso.

Grande e útil, o prático, o positivo, traduzido livremente na satisfação à ambição, ao gozo, à vontade. Têm para si que a vida é uma pista de corridas: — o que chegar primeiro é que triunfa; é quem ganha o prêmio. E para chegar primeiro derruba, morde, pisa, acotovela.

O prémio é o ouro, o prêmio é a mulher, o prêmio é o predomínio. O prêmio é a realização do seu objetivado intento.

Não tendo ouvidos para gemidos, coração para as dores alheias, misericórdia para as alheias faltas, chegam a exercer a caridade ou a bondade, se delas se puderem servir, como de arma útil, na luta em que pleiteiam a supremacia, ou de degrau para atingir o ponto a que miram.

Adorarão Deus, se o puderem fazer seu cúmplice; farão presente dele ao diabo se lhes servir de embaraço.

Serão Cid ou Falstaff. Tartufo ou Bayard, Quixote ou Sancho, contanto que avancem sempre, que consigam sempre.

Estes são aí os que fazem a vida azeda; os que fecundam a revolta dos outros.

As suas almas, áridas como uma cabila (1) arrasada, não conhecerão o bálsamo de uma lágrima, nem a carícia de uma esperança em vida melhor.

O seu fim será vencer nesse mundo.

E depois?

O depois é coisa que pouco importa. O depois é a morte, é o aniquilamento.

E se não for?

Os homens desta espécie constituem a antítese dos primeiros.

Aqueles cuidam só da vida futura, estes só da vida presente.

Ambos não caminham bem, pelo exclusivismo a que se votam.

Não há dúvida para nós, porém, que, de ambos, os que mais lucrarão com esse exclusivismo, são os que tratam só do futuro.

Não serão homens úteis e práticos nesse mundo: — serão mendigos, humildes, lacerados de sofrimentos, esmagados, rodados da adversidade, ignorados, despidos de ilusões terrenas, desenganados das falsas miragens que aí os possam ter seduzido; mas virão leves, de consciência tranquila e alma branca, bater à porta de Deus, como as andorinhas, no termo da sua arribada, vão procurar o beiral tranquilo para o seu descanso.

Os outros, a quem a morte encontra de chofre, no fragor da refrega, que a vida lhes é na Terra, alçapremados à ambição, sempre insatisfeita e sempre insaciável, serão tolhidos pela surpresa, como um caminheiro pelo assombramento de um raio.

A morte, que era para eles só o temido fecho das

---

(1) Designação genérica de várias tribos da África. — *(Nota da Editora.)*

suas labutas, ou talvez o desejado termo das suas contrariedades, aparece-lhes como a hiante boca de uma cratera. E' um acidente, uma operação, com que se esqueceram de contar. E' um credor inesperado e desconhecido, de que não podem libertar-se.

A vida aí pode-lhes ter sido mãe carinhosa, com farto úbere de enriquecido leite; a sua vaidade de triunfadores, ter-lhes-á entretecido louros para ornamentarem as frontes olímpicas; o senso prático, o cálculo seguro, e o egoísmo avaro, ter-lhe-ão enchido as caixas fortes de ouro, os palácios de preciosidades; as cocheiras de cavalos de raça; os ócios de amantes caras, e as amantes de jóias luminosas; mas, ao fim da via Ápia, quando suponham atingir o Capitólio, cairão na rocha Tarpeia.

Encontrar-se-ão sem louros, sem ouros, sem amantes. Tudo aí terá ficado; e por mais que rebusquem na sua bagagem miserável, não encontrarão, ante a austeridade severa e acusadora da sua consciência, nem o agradecimento do porco, de que se hajam compadecido!

O que deverá, pois, fazer o homem, para o cumprimento perfeito da sua missão na Terra?

Seguir o conselho de Jesus aos fariseus: — dar a Deus o que é de Deus, e a César o que é de César.

Na vida terrena procurar aproximar-se do tipo ideal de homem completo. E só é assim, aquele que norteia a sua vida pelo culto ao trabalho, à honradez e à virtude. Na virtude reside toda a manifestação de lealdade, de honestidade, de brio, de dignidade própria e respeito pela dignidade alheia.

Todo trabalho é legítimo e sagrante, como base insuprível de todo progresso material e moral do homem. Ele deve ser a fonte de onde emane todo o necessário à vida terrena e ao engrandecimento da alma.

Nos sacrifícios que exige, nas dores que proporciona, existe o sentimento que enobrece e purifica quem dele vive e para ele vive, com a aspiração de engrandecer-se e engrandecer os outros; de ser útil a si e ao seu semelhante. Trabalho honesto, trabalho profícuo, trabalho providencial!

No amor ao próximo, no uso da humildade espiritual,

da modéstia, da simplicidade, na prática, e até na intenção do bem, está todo o serviço a Deus, e todo o caminho direito e liso, amplo e luminoso como uma tarde de verão, para a vida daqui.

No metódico equilíbrio entre as exigências do Espírito e as da Matéria, e na sua salutar e metódica satisfação a elas, está a mais difícil ciência de todas as que na Terra devem preocupar o cérebro humano: — a ciência de saber viver.

E' complexa. As multíplices facetas da existência exigem infinitos cuidados para as conservar sempre puras, sempre brilhantes, sempre imaculadas.

E' absolutamente impossível haver quem atravesse o charco desse mundo, conservando-se constantemente limpo das impurezas, que aí tentam manchar e corroer tudo. Entretanto o homem deve procurar fazê-lo.

Por cada tentativa de aperfeiçoamento, conquistará sempre alguma coisa aproveitável, que, insensìvelmente, capitalizará.

Não deve escravizar-se nunca a preconceitos, nem deixar-se subjugar por hesitações ou por fraquezas.

Deve ter a sua aspiração sempre aberta ao saber, como uma página em branco. À proporção que se lhe depare o inominado e o novo, estude, medite, aprofunde; e, depois de convencido, hieroglife na página branca da sua aspiração, os sinais bizarros da conquista.

Não cristalizar nunca.

Todo o saber é renovável e transformável; e o seu cérebro deve acompanhar todas as fases evolutivas do progresso humano. Nada há imóvel na Natureza.

O homem, que num calmo momento de meditação olhar para o seu passado, verá, assombrado, as transformações profundas, maravilhosas, operadas insensìvelmente à sua atenção desprevenida; e se olhar para a vida do mundo, abismar-se-á ao ver como dia a dia, minuto a minuto, o tempo — supremo iconoclasta — vem destruindo as mais basilares teorias, as mais incontroversas ideias, os mais sólidos monumentos, as mais inatacáveis fortalezas naturais do mundo: tudo que parecia estável, indestrutível e eterno.

O impossível de ontem é a realidade de hoje; o inconhecido hoje será o vulgarizado amanhã.

Sendo tudo assim, pois, não é legítimo, não é decente, não é honesto, haver quem, apegando-se teimosamente, como criança birrenta, a raciocínios «a priori», negue, por capricho, por «parti pris», por inconsciência, aquilo que se afirma como produto honrado e lídimo de laboriosas pesquisas, de excepcionais trabalhos, persistentemente feitos, sinceramente feitos.

Quem assim o fizer não merece conceito.

Pode admitir-se a dúvida antes de estudar-se; a negativa, depois de estudar-se; mas a negativa simples, isolada de estudo e de provas, é vazia de senso e de respeitabilidade.

Quem não estudar, não pode dizer, conscienciosamente, senão que ignora. Avançando à negatividade formal, com pretensões a superioridade dogmática, envolvendo as suas opiniões em chispas de ironia, em repelões de insultos, nuns escarninhos e filauciosos assomos de magíster, não faz outra coisa, na quadra evolutiva e transformadora que a Humanidade atravessa, que demonstrar a suprema manifestação da mais bela e da mais orgulhosa imbecilidade.

EÇA DE QUEIROZ.

XVII

O bom e o mau caminho

É-me particularmente agradável e sensibilizador o teu desejo de que seja eu quem inicie, desta vez, a nova série de comunicações nossas, projetadas sobre o mundo, nesse delicioso e amorável trecho da América do Sul, como punhados de luz arremessados aos olhos fechados dos que por aí vivem em epicurístico desconhecimento da sua obrigação, da sua conveniência e do seu destino. Esse desejo veio corresponder, à maravilha, ao meu eterno sentimento de gratidão pelos brasileiros, já nado e medrado quando eu ainda arrastava os meus descarnados ossos por esse planeta de misérias, e descomunalmente avolumado depois que vim planar, como aeroplano vivo, por estas regiões infinitas do Espaço acolhedor.

Então, eu sabia que era estimado nessa terra do Verde e Ouro; depois, vim a saber que era admirado e amado. E, quando nessa vida, se cheguei a supor alguma vez que poderia vir a ser admirado por alguém, nunca, nas mais delirantes fantasias da minha vaidade, cheguei a conjeturar que pudesse fazer jus ao amor, tão avesso a sentimentos doces e afetuosos era o modo de ver da minha análise crítica, e o modo de ser da minha vida de observador. Mas, enfim, como há homens feios adorados por mulheres de peregrina beleza, justificando o princípio filosófico da conexão natural entre os contrastes, assim me vim a saber amado por grande número de espíritos de «elite», que aí nos Brasis propendem à cultura e à admiração da Verdade na Arte e do Belo na vida.

Esta descoberta, seguramente mais sensacional e mais imprevista do que a de Álvares Cabral, não me envaideceu, agora que não tenho ilusões sobre o valor intrínseco da minha obra terrena. Reconheço, presentemente, que me enganei aí nas passadeiras.

Como viandante em país desconhecido, a quem, com um gesto preguiçoso e vago, indicam, num horizonte impreciso — é para acolá — o ponto perguntado do seu destino, fazendo-o hesitar nos caminhos que topa, conduzindo-o, muitas vezes, por carreiro errado, assim eu, quando aí comecei a tatear coisas de literatura, como sorridente profissão adequada ao meu feitio, hesitei em vários caminhos e, por fim, me enganei naquele que escolhi.

Dentro da minha irisada fantasia, a alucinadora e tentadora Aspiração, procurava o meu destino no encantado reino onde governava o Espírito. O Tentâmen procurava guiar os meus passos vacilantes; e quando perguntei à Verdade o trilho por que devia enveredar, para alcançar o ponto terminalmente abençoado da minha jornada, ela, num gesto indolente de pessoa nostálgica e incompreendida, disse, apontando ao infinito: — é para ali... — E eu segui.

Para o encantado reino do meu sonho havia dois caminhos abertos à minha inexperiência. Um álacre, cheio de luz e de som, de cor e de riso. Nele tudo era alegria e vida. Era percorrido por irisados bandos de mulheres galantes, lindas como amores, pecadoras como Messalinas, cavalgando burgueses pançudos que arrastavam cofres, entornando ouro e pedras faiscantes, boêmios apaixonados pela Arte, sábios conservados no grotesco como monstrozinhos enfrascados em álcool; capitalistas, pais nobres, donzelas cloróticas, alambicando os olhos em ternuras conquistadoras; matronas gárrulas a fascinar adônis; todo um mundo de impostura pulando, guizalhando em perene Carnaval, dominado e dirigido pela vara mágica do Ridículo.

O outro era triste, de aspecto pesado como catacumba. A luz era sideral, com tonalidades frias de luar. Caminhava-se em passo vagaroso de procissão penitente, praticando sacrifícios, abnegações, caridades, na mútua consolação de dores lacerantes e resignadas. Chorava-se, suplicava-se. Os viandantes eram encaminhados pela Angústia. Ouviam-se litanias e preces; e muitos dos caminheiros, que se aventuravam por esses trilhos escarpados e cortantes, rojavam-se ensanguentados, de carnes maceradas, e, diziam, de consciências tranquilas e alma em festa.

O primeiro era o caminho espirituoso; o segundo o caminho espiritual.

Não hesitei. Atirei-me pelo primeiro. Folgaria nele, pensava.

Reconheci presto o engano, mas já tarde. Estava perdido na turba-multa que seguia ébria de alucinação e não podia recuar. Segui de roldão, sofrendo pisadelas e encontrões, fingindo rir para não desentoar, mas vertendo sangue pela alma em dilaceramento.

O que via enojava-me e entristecia-me, mas tinha de prosseguir na viagem em busca do apetecido fim.

Para vingar-me das náuseas e distrair-me dos aborrecimentos, levei toda a caminhada a beliscar os meus companheiros de viagem, a importuná-los, e feri-los, chocando uns contra os outros nas arestas da troça, fazendo rir com o que a mim fazia sofrer. Nesse caminho, onde eu só vira flores, encontrei muitos espinhos recamados de lindas pétalas, em que o meu ser se esgarçava. Vi miseráveis rir, simulando iludir o choro; e eu ria com eles, para não lhes dar o espetáculo, doloroso para mim, de me verem chorar também.

E assim cheguei ao termo da jornada, onde encontrei a Morte a tomar-me contas. Caí da nuvem dourada da Ilusão no chavascal da Realidade. Perdera toda a minha viagem.

O caminho não era o que eu tinha tomado. Iludira-me a perspectiva. Volvi então os meus olhares, ansiados e embaciados pela mágoa, para o outro caminho. Espantei-me! Os romeiros da Angústia haviam atingido a terra da Promissão. Os espinhos que as minhas carnes mimosas haviam temido não existiam, ou, se existiam, os viandantes da Fé não os tinham sentido. As preces cantadas pelo Sofrimento vibravam ainda no espaço, reboando como hinos celestiais, acompanhadas de melodias etéreas, desferidas nas harpas dos anjos. Esses é que tinham acertado com o trilho que a Verdade lhes apontara, nostálgica e incompreendida.

E dei largas a todas as lágrimas represadas no meu coração de triste.

Não foram bastantes que lavassem as máculas do que aí deixei à admiração dos que apreciavam a minha obra, como se ela fôsse pingalim a colear o dorso do Ridículo, empavesado regente da turba de loucos, que, nesse mundo, adoram a Epicuro, a Momo e à Luxúria; mas serviram para constituir rio em que a minha alma deslizou no barquinho da minha vontade, até ao caminho de que me havia temido, e que percorro agora em pacífica companhia de outros viageiros, sorumbáticos mas bons, que, se se não riem nem provocam o riso, consolam e acarinham os pobres que choram e se arrastam no pagamento cruciante de dívidas contraídas para com a justiça de Deus.

Ora, estando eu agora no bom caminho, não posso desvanecer-me de louvores pelo tempo que perdi no mau, nem pelas obras que nele construí; mas, tomando as coisas pelo que elas valem e não pelo que elas são, tomo na ara da minha gratidão a oferenda luminosa do amor e da admiração brasileira ao meu nome, pelo que ela representa de cativante e de gentil para mim, na doce e justa intenção em que ma tributam, e não pelas coisas que são o motivo aparente desse generoso tributo.

E procuro retribuir daqui dizendo-lhes: — olhai que nem sempre o caminho em que se ri, na vida, é aquele por onde se chega à Felicidade!

XVIII

Boas-Festas?

Não venho a dar boas-festas a ninguém.

Sabes quanto detesto essa costumeira banal que a maçadoria civilizada inventou e sagrou em nota distinta de bom tom, caída hoje, merecidamente, na exploração charra dos barbeiros e distribuidores de correspondência.

Esse costume, que no seu início devia ter tido a leveza dos sonhos lindos e a simpatia dos sorrisos infantis, criados para saltitar, naturalmente, nas rodas íntimas de pessoas de sociedade, como se usasse punhos de rendas d'Alençon e cabeleira artìsticamente empoada, saiu, pela imitação simiesca das classes inferiores, daquela atmosfera perfumada e sutil e começou a arrastar-se burguesmente, cabelos oleosos, mangas d'alpaca em rabona coçada, pelas salas onde os pianos desafinam em desafio com os guinchos sentimentais de meninas casadouras, e as boas donas de casa, matronas guardadoras da hospitalidade antiga, distribuíam chá e torradas, lá pelas onze da noite. Daí, como histrião avelhentado, de pernas tortas e estropiado de reumatismo, saiu também e começou a arrastar-se pelos botequins, pelas barbearias, impondo-se em destacantes letreiros nos cristais espelhados, como súplica lamurienta; ou, às cavalitas dos cocheiros e dos empregados dos correios, passou a entrar como saque no nosso orçamento anual.

Nada. Conscientemente não perpetro o delito contra o bom gosto de servir de tributário a esse velho costume imbecilizado, que faz lembrar um rico vestido de noiva a acabar os seus dias em panos de limpar o pó.

E, depois, isto de dar boas-festas...

Quem pode dar boas-festas?

Quem as tem, sequer, para uso próprio, em uma época de vertigem doentia, em que todos se debatem numa farândula infernal, minados de ambições, de desgostos, de invejas, de medos, de ódios e mais coisas ruins e terríveis, como se Pandora tivesse despejado novamente, torrencialmente, sobre essa malfadada Humanidade terrena, todo o conteúdo pestífero da sua boceta encantada?

Parece-me que não há por aí ninguém de cérebro tranquilo, ou de coração aquietado, que recebesse de sorriso inocente e amigo alguém que lhe levasse, como nota de paz e de amor, uma manifestação de boas-festas. As pessoas daí, com cérebros e coração quietos, ou não, apreciam muito as notas, mas só de Bancos que as paguem.

Com estas farão festas a seu gosto, mais rijas, mais saborosas, que as que lhes dão, a seco, em expressões de duvidosos sentimentos. Com elas comprarão paz e amor, dessa paz e desse amor que se fabrica e vende «à bon marché», como se fabrica e vende puro vinho do Porto em Hamburgo e verdadeira Champanha na Bairrada.

Que valem, realmente, boas-festas?

Para alguns, representam a lenga-lenga chorona com que se pede esmola; para outros, o verniz lisonjeiro com que se lustram as botas protetoras. Equivalem a anzol com que se pesca popularidade, ou a insidiosa armadilha de caçar cartões distintos para simular relações ricas e importantes, dominadoras na sociedade, que, à inveja dos que rolam na mó de baixo, parecem envolvidas em ares sagrados, em auréolas misteriosas de raças divinizadas.

Ora, pois, se não queremos pedir esmolas, lisonjear alguém, caçar protetora benevolência, ou mostrar bilhetes brasonados que nos desvaneçam com supostas relações fidalgas, deixemos que o costume se arraste ao serviço de quem lhe possa aproveitar o préstimo. Que faça cada um festas boas ou más, como tiver na vontade, sem que lhas vamos tornar piores com a maçadoria impertinente que só representou de carinhosa usança, quando as sociedades viviam agremiadas em patriarcal familiaridade, sem as vertigens do luxo, das viagens, dos automóveis, das eletricidades, que, em sementeira de egoísmos e de invejas, vieram pôr as relações sociais numa expectativa hostil, num íntimo mal-estar mal escondido.

Aquelas antigas fórmulas protocolares de uma cortesia amiga e distinta, que obrigavam ao comércio amiudado da troca de bons sentimentos e de bons desejos, desapareceram numa pulverização confusa, imoral, cosmopolita, negativa de toda a solidariedade e de todo o afeto sincero.

Se não dou boas-festas, como coisa que não tenho para distribuir com gentil generosidade, não quero deixar que o ano novo entre, burocràticamente, no exercício do seu cargo, sem que por ele eu traga palavras de lembrança e de simpatia àqueles que eu ainda amo, aí, e àqueles que porventura possam lembrar-se de mim.

Essas palavras são: **recordo-os com saudade.**

Não pensem, entretanto, que é saudade por não estar aí com eles... Não. É, ainda que isso os assombre, de não estarem já comigo...

Quando olho daqui para esses a que me prendem laços fortes de amizade e de amor e os vejo afastados uns dos outros, esmagados por sofrimentos, aperta-se-me o coração. Nenhum vejo fruir a paz, a doce paz, onde a alegria canta e a felicidade faz ninho. Por sobre todos adeja a Angústia ou a Incerteza. Nenhum olha, sem estremecer de raiva ou de inquietação, o minuto seguinte. O futuro apresenta-se a todos como nuvem temerosa, prenhe de borrascosas tormentas, e a vida balança-se-lhes na ressaca agitada, como chaveco sem governo. Os mais fortes hesitam e temem; os mais fracos tremem e apavoram-se.

E o que se passa com aqueles que venero com o meu afeto, passa-se com todos os outros, aqui, ali, em toda parte, nesse mundo.

Não há cérebro, dos que se dão ao trabalho de pensar, que não esteja em desordem, como espelho minúsculo do estado em que se encontram as sociedades a que pertencem. Está tudo revolucionado. E' uma revolução geral, de alto a baixo, distribuída a retalho aos domicílios.

A desorientação espalha-se, profunda, ataca por toda a parte, como poeiras microbianas que o vento transporta. Nasce das lamas das ruas, pulveriza-se, voa, pousa nas consciências, nas almas, no juízo, como nos comércios, nas indústrias, nas sociedades, nos orçamentos caseiros e nos orçamentos dos povos. Nas cabeças e nos corações pululam pensamentos e sentimentos antagônicos que se chocam e se guerreiam, como nas velhas mágicas aparatosas lutava a linda fada do Bem com o vermelho gênio do Mal.

Ao invés, porém, do que sucedia nas mágicas para gáudio das crianças e dos espíritos simples, que apeteciam o triunfo da justiça como calmante para um sono tranquilo, cheio de deliciosas fadas e de alçapões benévolos, o que triunfa quase sempre é o gênio do Mal.

O que vence, nesses círculos de luta, comprimidos pelas paredes cranianas, é o atleta que firma as suas forças no ódio, no egoísmo, na audácia sem escrúpulos, no desprezo pela bondade e pelo interesse dos outros; e daí toda a confusão babilônica em que tudo se baralha e move.

Devo dizer, em ar de explicação, que não tomo, no meu cômputo de cérebros, essas cabeças que muita gente conduz nesse mundo, empeladas e erguidas sobre os ombros, que podem servir òtimamente para cabides de chapéu e de carapuças, ou para seção ambulante de parque zoológico, mas que não prestam para delicada e fina retorta onde se elabora e destila a sutil essência do pensamento humano; nem considero coração esse músculo vermelho e duro, simples êmbolo do sangue que circula nas artérias e nas veias, e que, nesta animal qualidade, pode jogar primazias com os seus congêneres de qualquer alentado boi de charrua, ou de preguiçoso suíno na engorda; mas nunca poderá semelhar o espiritual espelho onde possa refletir-se e de onde possa projetar-se toda a gama rica dos sentimentos humanos.

Os possuidores de tão rudimentares preciosidades vivem habitualmente na doce paz das jibóias: — comem, digerem e dormem.

Se o ano novo surge aí numa alvorada vermelha de

sangue, escura de incerteza, rumorejando estertores e gritos de dor e de agonias; se em cada peito divisamos, dilacerando, o sofrimento; se as almas se repelem e os povos se trucidam, ou aprestam, formidáveis, para a chacina horrenda e universal, como havemos, nós outros que daqui seguimos ansiados a marcha da avalanche, falar em boas-festas, como parvos despreocupados da sorte que a todos espera?

E, nesta altura, deixa que espraie a vista pela crosta pardo-verde desse mundo, na busca da Paz, da Caridade e do Amor, que tantos iluminados têm pregado e que tantos martírios têm santificado.

Onde se encontram? Onde se encontram?

Andam, talvez, a procurar nesse mundo quem realmente goze de boas-festas...

XIX

Uma sus... pensão!

Vai por aí grande celeuma porque o ilustre e ilustrado parlamento da nossa terra resolveu, num ato de ríspida e vingadora justiça, retirar a pensão que um outro parlamento menos ilustre e com certeza muito menos ilustrado havia, perdulàriamente, concedido à minha mulher e a meus filhos enquanto menores, para lhes custear a vida, que eu, na minha qualidade de cigarra desprevenida e palreira, deixei sem celeiro, nem recursos de abastecimento. Essa celeuma é injusta. Corro em defesa do ato de severa moralidade do parlamento ilustre.

Que fui eu? Um funcionário mais que modesto do nosso país, perdido no anonimato da burocracia, e um escrevinhador de romances e croniquetas. Nunca fui político, não fui salvador, não estive na Rotunda e nem sequer pertenci a nenhum dos sol-e-dós do registro civil.

Ora, a contrapesar essas razões poderosas, havia mais uma circunstância a influir esmagadoramente no raciocínio lógico, no amor econômico dos preclaros parlamentares. Esta circunstância era suprema, era definitiva: meus filhos enfileiraram nas hostes que, à sombra da velha e linda bandeira azul e branca, farrapo de sonho relembrador de uma Pátria tranquila, se conservavam batendo às portas de Portugal como Catilina às portas da Roma apavorada. E de lá olham como espectros shakespearianos, a pôr calafrios de pesadelo nos sonos vermelhos dos autênticos salvadores do Povo português. Esses pesadelos fazem embaraços quizilentos à digestão magra dos restos orçamentais, conquistados na hora luminosa da salvação, por esses espartanos legisladores que honram as curuis que eram primitivamente destinadas sòmente a homens que, pelo menos, soubessem ler e escrever.

Os meus filhos, com um desplante inaudito, deixaram de pedir licença aos dirigentes dos negócios públicos da nossa terra, para pensarem diversamente das suas preclaras e sapientíssimas opiniões. E não ficou aí só o atentado. Naturalmente, por orgulhoso escrúpulo, na defesa nobre das suas ideias, repudiaram o exemplo e a lição que os conspiradores de ontem lhes haviam deixado, de conspirarem babujando deslealmente a mão do Rei em beijos de judas, de conspirarem cômodamente em chorudos lugares de confiança, em pingues sinecuras do Estado, nos quartéis, nos tribunais, nas ruas à luz do dia, nas redações dos jornais, nos clubes, nas filarmônicas de livre pensamento, tudo sem rebuço, sem temor, sem vergonha, gemendo sempre sob a ominosa tirania com que a monarquia os esmagava, sonhando beatìficamente; no seu longo e cômodo martirológio, nessa rosada aurora, luminosamente redentora, que veio inundar Portugal com essas ondas de paz, de abundância, de luz e de amor, em que ele, babado de puro gozo, se afoga com tanta felicidade.

Não aceitaram a situação, que alguém, pontilhoso em melindres de honra, poderia classificar menos airosamente, e foram ajuntar-se àqueles que, animados pela mesma fé e partilhando ingratamente dos mesmos escrúpulos, buscavam além fronteiras refúgio onde escapassem de morrer asfixiados pela avalanche de liberdade e de venturas com que os Redentores salvaram Portugal. E, porque assim o fizeram, bem procederam os ilustres legisladores em cevar na mãe a sua sede de justiça.

Aqui só há uma coisa lamentável: é a de que o mafarrico de La Fontaine houvesse roubado a originalidade a este gesto soberbamente vingador, evitando que ele ficasse, trágico e único, como exemplo, nos acidentados campos da História, às gerações a vir.

Enfim, talvez ainda possa salvar-se um pouco a grandeza do ato justiceiro, na diferença que existe entre a realidade e a previsão do fabulista francês. Ele deixou o cordeiro a pagar o esbarrentamento antigo da água feito pelo pai; e agora será a mãe a pagar o esbarrentamento do chorume deleitoso que escorre aos estômagos dos beneméritos salvadores, feito pelos filhos.

Não quero, com a rememoração do exemplo arreliento, assemelhá-los ao lobo. Não. Deus me livre da heresia. Os lobos, a não ser nas fábulas, nunca teriam a sutil ideação, a grandeza de Brutus, na compreensão e execução da Justiça que responsabiliza uma mãe pelos atos dos filhos, homens livres. Os lobos poderão ser mais generosos; mas o que nunca serão é tão magnânimamente justiceiros. Vergonha aos lobos.

E que tinha a mãe dos traidores a defendê-la? O meu nome? Homenagem à minha obra? Isso era nada. Nunca tive a venturosa honra de ser das relações daqueles ilustrados cidadãos. Não me conheceram jamais. Nunca eles desceram das regiões superiores da sabedoria, onde, em profundas cogitações, os seus elevados espíritos buscavam e buscam os magistrais segredos da Economia e da Sociologia, com que haviam e hão-de fazer a eterna felicidade de Portugal. Nunca desceram terra a terra, onde os míseros escrevedores, como eu, vegetam a dizer bugiarias em linguagem de seu divino desconhecimento. Os seus espíritos superioríssimos, pairando nos pináculos perfuradores dos Céus, só acessíveis aos gênios, como os alcândores das cordilheiras, só são acessíveis às águias, não fixaram nunca as capas, sequer, dos modestos livros onde caracteres negros, de sua honrada ignorância, imprimiram o meu nome minúsculo.

E, talvez, lá do alto, numa enviesadela de olhos, pudessem ainda ter visto uma pequena estátua, branca como um fantasma ao luar, que, para as bandas do Alecrim, tresanda a talassismo, fingindo olhar amorosamente para a desnuda e rechonchuda moçoila de braços abertos, mas de fato a deitar o rabinho d'olho para o desolado edifício tumular da mísera e mesquinha Liga Monárquica, como derradeiro Abencerragem de sentinela a esse sarcófago sagrado de tanta fé, tanto entusiasmo e tanta... covardia. Talvez me tenham suposto conspirador disfarçado e, filhos na fronteira a conspirarem, marido pétreo em Lisboa a guardar os papiros da realeza, confiados em hora trágica aos arquivos da velha Arcádia de Londres, era mais que bastante para um autozinho de fé, quanto mais para a supressão de uma esbanjadora pensão homenageante.

Como vês, fizeram bem os Solons da nossa terra de céu azul e sangue cor de rosa pálida. Mas precisam completar a obra. Acabem o meu quarto de sentinela. Retirem-me do meu posto de guarda. Eu lembro à sua justiça republicana a origem palaciana do monumento. A ideia dele nasceu e acalentou-se dentro do Paço. Nos veios da pedra deve girar sangue azul, que pode fazer que, um dia, braços marmóreos, simuladamente pendentes junto ao corpo álgido da Verdade, em ar de memorial à Mousinho da Silveira, para a restituição da pensão negregada, tomem o gesto recurvo e expressivo que o Bordalo popularizou num sintético e agora mais do que nunca apropositado busto do Zé Povinho, em cujo soco pôs esta lapidar e coruscante palavra — «Toma».

XX

Amor, amor...

Nem o Camilo, nem o César Cantu podem acabar agora as suas comunicações. Aproveito eu a oportunidade para escrever-te.

Vou cumprir a minha promessa de outro dia.

Achaste acertada a minha definição do amor. E' brutal, é realista, mas é verdadeira. O amor é o apresto, a preparação para a propagação a macheamento. Não posso encarar este sentimento sob outro aspecto, ainda que muito doa aos poetas, aos sentimentalistas, que adoram o deus cego pela venda.

Impròpriamente, pela pobreza da linguagem humana para definir, classificar e exprimir a infinidade de sentimentos que tumultuam em nós, se chama amor, indistintamente, àquele suavíssimo e extático sentido que nos impulsiona à adoração a Deus e aos seus filhos prediletos, ou às suas manifestações e obras. Não menos impròpriamente se dá a mesma denominação ao sentimento santo, cheio de abnegação e grandeza, que leva uma mãe ou um pai aos sacrifícios máximos pela prole estremecida, ou que leva esta prole à adoração aos seus progenitores queridos e adorados.

O amor a Deus e às suas coisas e o amor aos pais ou aos filhos são sentimentos tão diversos na sua origem, na sua manifestação, na sua intensidade e na sua ação psicológica e até fisiológica no «eu» humano, como, para qualquer deles, é diverso o amor entre duas pessoas de sexo diverso que se querem, nos arrebatamentos de sensações viciosas, ou na satisfação do instinto conservador da espécie.

Este último é que é pròpriamente o amor. Assim foi considerado, descrito e poetizado em todos os tempos; assim foi servido e amado por todas as criaturas sedentas de gozo e de volúpia. O amor assim é, pois, a preparação para o macheamento.

A que se dá o nome de amor? E' a atração súbita ou gradual de uma criatura macha para uma criatura fêmea e vice-versa. Há como que fortes correntes magnéticas que tendem a aproximá-los, escaldando-lhes o sangue, ensandecendo-lhes os sentidos, tornando-os aptos para todos os sacrifícios e para todas as torpezas. Vêem-se, querem-se, apetecem-se, sonham-se, em estranhas sensações de gozo ideal, em sensuais projeções de olhares, em afrodisíacos requebros e meneios. Tudo fazem para chegar ao fim apetecido: pertencerem-se.

Não há razão, não há bom senso, não há lógica, não há carinho, não há interesse, não há nada que lhes sirva de impedimento. Tudo quanto pretenda obstar a essa delirada posse, serviria simplesmente como aperitivo irresistível para a aproximação. Escalda-lhes o peito, esquenta-lhes o cérebro e hipertrofia-lhes o coração. E' a ação expressiva da leoa no deserto a uivar pelo macho e da burra a esmijançar-se na passagem do burro a ornear. Equivalem-se na mesma animalidade, na mesma irreflexão e porventura na mesma grandeza.

E' o instinto lançado à Terra para a procriação e conservação da espécie. E' essa coisa vaga, irresistível e misteriosa que conduz, através de léguas de distância, o pólen de uma flor para fecundar outra flor; que acasala o melro na época própria e une todo o ano os pombos; que destrói barreiras, que provoca as guerras, que pratica crimes, que nivela posições, que corrige defeitos, que disforma perfeições, que aniquila afetos, que iguala raças, enfim, que propulsiona irresistìvelmente a mais poderosa máquina que Deus criou — o homem.

O que é, pois, lògicamente, humanamente, sem as fiorituras da retórica, nem o alambicado sutil e incongruente da poesia, esse sentimento poderoso, avassalante, dominador, que tende exclusivamente, através das distâncias e dos tempos, a aproximar os sexos diversos?

A preparação para o macheamento. Não é outra coisa. Conseguido o seu fim providencial, toma então os mais variados característicos, desde a indiferença ao ódio.

As aves e os peixes, passando a época do cio, desconhecem-se, indiferentizam-se; os animais da escala inferior apartam-se, alheiam-se em supremas manifestações de desdém; as árvores e as flores fecham as suas corolas, os seus estigmas, os seus cálices, e desaparecem as suas anteras e o seu pólen, entrando tudo no período da fecundação, solícita, serena, providencial.

O homem livre, o homem selvagem, a pedra bruta não lascada nem trabalhada pelo camartelo e pelo cinzel da Civilização, é, para o efeito do amor, como qualquer outro mamífero. O cio aperta, busca a fêmea. O cio desapareceu pela saciação, abandona-a.

Nele não há poesia, não há meiguice, não há pudor. E' uma coisa natural, como nascer e morrer, e precisa, como o alimentar-se e o defecar. Não conhece, nem sonha existir nenhuma das sensibilidades quintessenciadas pelo recoco contrafeito da Civilização, que chegou ao paroxismo da idiotia e do destempero de desprezar, de se envergonhar e até de deprimir, como coisa indigna de nela se falar, o ato mais belo, mais grandioso e mais simples e natural da Humanidade. «Pro pudor!»

Não estranham o fato nas aves e nas bestas, acham-no curioso e lindo nas odoríferas flores, que lhes esmaltam os jardins, ou nas árvores e nas plantas que lhes fornecem os frutos para alimento ou gulodice; mas repugna-lhes e horroriza-os entre si próprios, como se fôsse crime abominável! Oh! suprema tartufice, suprema hipocrisia do convencionalismo civilizado! Oh! ridículos, oh! idiotas semelhantes meus, vítimas cretinizadas da imensa teia de banalidades e sutilezas disparatadas fabricada pela vossa pretensiosa inópia!!!

Têm... tanto horror à verdade, que até aquela bela moçoila, que deram à minha perdurável admiração pétrea, a quiseram cobrir com o manto diáfano da fantasia!

Nem tudo, porém, é mau nessa fantasia e nesse convencionalismo. Eu mentiria a mim próprio, se cometesse o silogismo bárbaro de querer concluir que a civilização no amor é um mal, porque o misterioriza como coisa má, ou como coisa sagrada, e o envolve em fórmulas e cerimônias cultuais pagãs ou panteístas. Nem tanto.

Quero só chegar à demonstração da tese a que me propus. Se pela análise dessa própria tese, que me levou à apreciação da união sexual natural, tive que fazer sobressair os ridículos da Civilização, não me levou, todavia, à preconização do amor livre, nem à bestialização do ato instintivo, divinizado, que conduz à Terra as criaturas que por necessidade fatal têm de a ela vir. Não. Quero só demonstrar que o amor é a preparação para o macheamento. Efetuado este, nas coisas livres, desaparece, até que uma nova necessidade fisiológica o faça reaparecer.

Na Humanidade civilizada desaparece, dando lugar a sentimentos vários, desde a indiferença, o tédio ou o desprezo, até a amizade serena, tranquila e eterna.

Amor, amor, é que não fica, senão enquanto o estonteamento do cérebro, ou as afrodisíacas manifestações de uma sensibilidade «raffinée» o conserva passageira, temporàriamente. O amor desaparece com a posse do objeto amado. E' isto velho como o mundo, mas eternamente novo como a verdade.

Não se pode contestar esse fato, sempre visto e em cada pessoa constatado. Agente misterioso da fecundação, origem invisível da vida, instrumento irresistível da vontade divina, a que conduz ele? À macheação.

Para conseguir o seu eterno desígnio, para consumar a sua obra necessária, emprega todos os meios, impulsiona todas as ações. Conduz à clarividência, como conduz à cegueira. Aciona sacrifícios, como impele ao egoísmo e à criminalidade. Conseguido o seu fim, cumprida a sua missão, evola-se, como perfume estranho e sutil que houvesse embriagado os sentidos das criaturas sobre que influiu.

Então, quando deixa rasto de luz e de felicidade, faz-se substituir, entre aqueles que uniu, pelo santo, suavíssimo e duradouro sentimento da amizade, envolvida em uma vaga e ondulante essência espiritual, que se chama saudade; e que vem cair como aljôfar cariciante e divino sobre os filhos, fruto do amor desaparecido, consequência natural da macheação.

A frase é feia; a ideia que evoca é brutal, é realista; mas é verdadeira, sintética, escultural e perfeita.

Há nada mais realista e mais brutal do que a verdade?

XXI

A mesma tecla

Seja eu quem estreie, para ti, o Ano Novo, sem embargo de me crer, de todos, o mais incompetente para isso, dado o meu singular modo de ver sobre os períodos fixos em que a Humanidade diz banalidades douradas e faz futilidades solenemente regradas pelo cerimonial litúrgico das grandes festas do convencionalismo.

As mesuras requintadamente elegantes do século XVIII tinham, na deliciosa curva da elegância, na silhueta, finamente estética, das suas linhas, um «quid» espiritualmente distinto, que fazia perdoar-se-lhe a sua futilidade de minuete.

Os cumprimentos na sociedade, que passavam através do desfranzir de lábios preciosamente ensaiados e isocrônicamente medidos, como um compasso de Belini, mascaravam, com aspectos gentis e graves, a mais superficial das educações mundanas.

Mas tudo se lhe pode perdoar ao evocarmos o escorço lindamente artístico em que se mantinham as reuniões empoadas, de ricos punhos de rendas d'Alençon, de soberbas casacas bordadas em silvedos preciosos.

Os cumprimentos, como as preocupações do traje, constituíam poemas de puerilidade a que a fantasia, idealmente artística, emprestava encantos de miniatura, riquezas de cor, que faziam desses pequeninos nadas, em que assentava a etiqueta desse século difícil e revolucionário, uma rara moldura preciosa, ou um cinzelado benevenutiano em que se enquadrava toda uma Civilização decadente e fidalga, de uma fidalguia arruinada, mas sempre distinta, sempre espiritualmente elevada e nobre, que nenhuma outra igualará mais.

Assim, desculparia eu o convencionalismo. Tinha a arte a velá-lo com a gaze tenuíssima da fantasia e a alindá-lo com a elegância ideal das suas formas e, talvez, um pouco a poetizá-lo com a ilusão de cavalheirismos idos, de que conservava ainda finas e nobres aparências.

Mas, num século essencialmente prosaico como o que vamos atravessando, em que o homem vem vindo em som de guerra contra tudo o que a fantasia e a sentimentalidade humana se comprazia em adorar; quando, num belo gesto de desfastio, quebra as suas relações com Deus, suprimindo-o, como luxo desnecessário, da sua sociologia; em que procura expungir do coração a sentimentalidade; em que, finalmente, se cria como ideal rutilante a atingir a conquista do máximo gozo material, como divinização do «eu», acho anacrônico o costume tradicional das festas anuais.

Dá a sensação de ver uma linda figurinha de Saxe entre as panelas de barro de um louceiro do Porto. Choca, como se, numa reunião friamente protocolar, aparecesse um poeta boêmio dos outeiros freiráticos de D. João V, ou se, nas reuniões bacalheirescas de um quinto andar da rua dos Fanqueiros, surgisse um peralta de justa casaca de seda branca, cabeleira empoada e sapatos de fivela.

Admito, sem protesto, o conservantismo feroz da sociedade britânica. Ali, se cada filho da loura Albion encara a vida numa rigidez forte como os seus sapatos quadrados, também conserva intacta no coração, religiosamente guardada no tabernáculo ideal da sua fé, a parte espiritual de idealismo e de sentimentalidade que lhe foi distribuída desde que a sua ilha começou a deitar cabeça fora do oceano.

Adora o «gin»; emborracha-se de boa cerveja ou do melhor vinho do Porto; esbulha, como pode, o resto do mundo de todas as regalias ou de todas as preciosidades de que pode lançar mão, ou onde pode assentar a sua grossa pata ferrada; mas tudo dentro da linha traçada ao seu «struggle for life» material.

Quando fecha a porta do seu estabelecimento e arruma o seu livro comercial, voltando a sua face rubicunda à parte sentimental da sua organização forte, então, despoja-se de tudo que sejam preocupações utilitárias e chatamente prosaicas, rendendo-se, sem reserva, às pieguices e às infantilidades queridas da sua fantasia serena de povo frio.

Faz como os mamoetanos, ao entrarem nas suas mesquitas: — deixa à porta os chatins com que calca a terra profana. Dá a Deus o que é de Deus e ao «Here Gracious King» o que ao King pertence. Não baralha, não confunde as coisas lògicamente inconfundíveis. Conhecendo, na sua utilidade prática, o valor do tempo, arruma-o metòdicamente nos armazéns de sua vida, como artigo de inestimável valor comercial, e aplica-o, e dispõe dele com a regularidade de uma escrita por partidas dobradas, idealmente montada. Tantas horas para comércio, tantas para o «Home», tantas para o Templo, tantas para a correspondência sorna de negociante calculista; tantas para o «Times» e tantas para a Bíblia. Está neste método e neste conservantismo conciso o segredo do seu poder, a perfeição do seu caráter, a superioridade da sua raça.

Ninguém estranha que um inglês, que não seja casto, seja cauto. O artifício da pudicícia inglesa é coisa tão normal, tão natural, que só seria causa de admiração se não existisse.

Num povo assim, em que tudo é regrado, cadenciado, hirto, como o passo de um patrulha militar, em que a base granítica da sua vida, do seu poderio, da sua educação, assenta no método, na convenção pautada em linhas retas como aristocráticas folhas de papel velino, não se pode deixar de admitir que se consagre, dentro da rigidez sílica das suas fórmulas, horas ao gozo, horas ao trabalho, horas ao sentimento, horas à materialidade. Mas tudo isso é feito singelamente, com a simplicidade dos esguios vestidos brancos das suas «misses». Tudo natural, tudo correntio, tudo friamente preconcebido, como a solução de um problema de geometria.

Mas, entre nós, raça latina, de nervos relaxados,

cérebro dessorado e confuso, onde tudo se atropela; de uma educação desnorteada, de caráter inacentuado, impreciso, versátil como a dona do Rigoleto; capaz de praticar todos os heroísmos com a mesma inconsciência com que perpetra todas as baixezas; de uma carência absoluta de senso moral e de um senso prático negativo; raça que, sendo tìpicamente sentimental, procura, numa mórbida manifestação de idiotia, simular positivismos e materialidades, não se pode desculpar estes períodos — pedaços soltos de tradição — que se aferra em manter, para dar ares de querer conservar alguma coisa de inatingível ao camartelar, na sua Torre de Marfim. Não repara que o que faz é uma vincada exibição de hipocrisia. E que repare, nem por isso deixa de lhe prestar o mesmo culto.

Não põe sinceridade nesse ato, como, afinal, a não põe em coisa alguma.

Deixou de cultivar o mesurismo rococó dos séculos idos, para dar-se à filauciosa impressão de estar na posse de conquistas superiormente civilizadas; e passou a cultivar a doblez solerte dos caracteres videirinhos, para dar a impressão de charolar na procissão do Progresso.

Faz tudo desconexamente. No mesmo tempo que põe todo o arreganho e sanha em querer mostrar que nada respeita, claudica, fingindo querer deixar na vida pequenos costumes banais, que eleva à categoria de princípios básicos de uma sociedade que se desorganiza e desagrega.

O dia de hoje reperesenta uma dessas banalidades guindadas às alturas solenes de festa registrável.

Nem por isso deixa de ser sensìvelmente igual aos outros, nas suas características intrínsecas. Mas apraz ao homem distingui-lo, e não carece de mais, para que seja coisa distinta.

Não se incomoda o sobredito homem com as preocupações sérias, que vai deixando cair pelo caminho, como areia de saco roto. Pouco se lhe dá com aquilo que realmente devia aguçar-lhe a atenção; mas o que não deixa é de levar o ano em fora, à espera de um dia sem outra significação que a de representar, convencionalmente, o começo de um lapso que se denomina ano e que dá o apetecido pretexto para fazer bagatelas e para maçar toda a gente que conhece, com a graciosa hipocrisia de lhe desejar boas-festas.

Ora, bem melhor faria se, em lugar de queimar o pouco fósforo que lhe enriquece a minguada mioleira a cultuar indicações de um formalismo insignificante, se preocupasse antes em solucionar os grandes e fecundos ideais da perfeição humana, até atingir a realização do princípio imarcescível e belo da eterna Bondade.

Seria menos ridìculamente exibicionista, mas era incomparàvelmente mais digno da atenção de quem tão pretensiosamente se considera.

XXII

As formigas e o formigueiro... humano

Vou falar-te de coisas da nossa terra. E' assunto sempre vasto, sempre pronto, sempre à mão... Não exige esforço para se encontrar. Basta debruçarmo-nos sobre esse formigueiro...

Esse formigueiro?

Formigueiro, não. Ofendo os previdentes e laboriosos himenópteros fórmicos em comparar-lhes os nossos patrícios. E porque eles, dadas as nossas situações, não podem tirar vindita da minha ofensa, manda a minha mais elementar lealdade que eu venha espontâneamente retirar o símile, que, pela força do hábito, e não por justa expressão da verdade, me caiu irrefletidamente da pena.

Se há vivente que, na escala animal, se distancie moralmente do bípede que nesse mundo vive, sob o mais profundo céu de safira, mordido lùbricamente pela mais dourada e transparente luminosidade que o Sol atira, a rir, para o dorso da Terra, esse vivente é, sem contestação possível, a formiga, que eu, no abuso de um velho e idiota lugar comum, lhe ia aproximar.

Ainda se distancia mais no seu feitio moral e social, que no seu feitio físico, que já se não dissemelha pouco...

O meu solerte patrício, que desde o píncaro da Peneda, nos confins do Minho, até a ponta do cabo de Sagres, preguiceia, numa indolência mosquenta de «lazzaroni», numa porcaria de bérbere, é a antítese cerrada do próvido e ordenado bichinho que nós habitualmente vemos pelas tardes calmosas de Julho, em movediça linha escura e sinuosa, através dos campos, ajoujado de vitualhas para os seus celeiros, para as suas catacumbas, para os seus estados subsolares. Desde que a manhã acorda no seu berço roxo, até que o Sol se mergulha sensualmente no ocaso, dando-nos a impressão de que vai lavar-se das coisas sujas que viu durante o dia, lá andam os elegantes insetos numa faina, sem descanso, cheios de cuidados, de zelo, fazendo pela vida, pacìficamente, sem precipitações, sem atropelos, sem ódios, sem guerras, sem invejas, sem intrigas; felizes e contentes por guardarem para uma tranquila abastança o pãozinho que Deus dá, encontrado nos rebotalhos que o homem despreza, nas sementes que os pássaros estragam e o vento espalha.

Cai no chão o grãozinho, ou fica em sítio onde sem obstáculo se pode encontrar e lá vão as formigas, sem se afadigarem, passinho miúdo de mulher travadinha, pelo seu carril limpo, alegres como quem vai em festa, em busca e à colheita da sua seara.

E é vê-las como se ajudam, como se amparam, como se defendem. Num contínuo vaivém, avançam ou retrocedem, em linha, como esquadrões ordenados, cumprimentando-se numa rígida disciplina e numa tocante cortesia, dando notícias, recebendo notícias, sem dispêndio de retórica, sem desperdício de tempo, sem luxo de gestos, sem desordens, sem ciúmes, sem invejas, sem paixões, sem intolerâncias. Preocupa-as só o bem comum, só o aprovisionamento dos seus armazéns, que tanto é o sossego e a abundância do inverno. E os armazéns enchem-se, e o lar é feliz. Procuram, acarretam, guardam; e depois descansam e dormem tranquilas.

E quando o inverno temeroso aparecer lá do alto a peneirar neve por sobre o solo árido e frio, e o gelo venha pôr cristalizações vítreas nas coisas, ela resguarda-se no seu lar, no conforto tranquilo e tépido do seu «home», rilhando sossegadamente o honrado pecúlio do seu labor.

Ela bem vê o relâmpago pôr tons fulvos, sanguíneos, na atmosfera pardacenta; bem ouve a chuva cair, em cargas cerradas, alagadoras, arrasantes, e o trovão vir ribombando de longe, aproximando-se nuns estrépitos roucos e prolongados, como colossal carga de artilharia com disparos em marcha. Ela vê e ouve todo o mundo a conflagrar-se; mas, lá no fundo da sua cidadezinha subterrânea, no seu labirinto de ruas e vielas tortuosas e escuras, como as de uma cidade marroquina, nos seus celeiros atulhados, nas suas salas limpas, nos seus refeitórios confortáveis, fica-se quieta, segura, tranquila, desferindo louvores ao seu trabalho, de que lhe veio a fartura e a paz, sorrindo com a doce bonomia das formigas refesteladas e repletas, que fazem a sua digestão pachorrentamente, palitando os dentes com gravidade, como qualquer agiota feliz, e preparando-se para a sua sestazinha reparadora, como um bom abade minhoto.

Ainda lá não chegou o progresso, por isso falta o jornal a perturbar-lhes a digestão, a perverter-lhes o gosto e a transformar-lhes o juízo... E cá fora podem chover raios, pode cair água a cântaros. Barricam o orifício da sua república e riem-se das tempestades, das aluviões, das desgraças.

O tempo levanta, o Sol aparece a espreitar detrás das nuvens franjadas de branco, como uma criança garota de detrás de um reposteiro, a rir, do belo susto que meteu ao homem petulante, obrigando-o a reflexionar, ante a empolgância tétrica da tempestade, se será bem aquele soberano e aquele deus que a Tentação lhe vem segredando ao ouvido guloso; e a formiga abre o orificiozinho do seu país, como quem abre portas ao comércio mundial, e sai novamente pressurosa, à conquista de nova provisão. Volta ao trabalho, volta à labuta, tocando com as suas antenas deliciosas sinfonias à luz e ao calor, cantando, alegremente, na sua língua de formiga, canções ao pão, à seara e ao Sol.

Enquanto os pequeninos obreiros vão entoando os seus eternos hinos à paz e ao trabalho, carregando, metòdicamente, ordenadamente, a abastança para os seus domínios, o que faz aí, nesse recanto do Ocidente, nessa margem do Oceano, o nosso patrício indolente e palreiro?

Para coisas úteis, passa o tempo à espera do amanhã, abdicando da iniciativa nos outros e confiando tudo ao acaso, no seu atavismo mozarábico. Faz, dia a dia, sòmente o indispensável, aguilhoado pela força imperiosa da necessidade, isso mesmo sempre de má vontade, nuns arrancos agoniados, num mal dissimulado enjoamento de repulsa pelo trabalho, como se o sentisse castigo deprimente à sua prosápia de grã-senhor.

Não tem o trabalho como uma preocupação dignificadora. Não. E' uma ocupação arrelienta, de que só violentamente se desempenha e na menor dose que honradamente couber dentro de seu profundo amor pela calaçaria.

E' verdade que ainda por aí há quem preze o trabalho como um tônico viril para a saúde, como um agente da riqueza própria e um elemento do progresso e da riqueza pública. Mas esses constituem uma espécie rara de animais fossilizados. São exemplares de raça que se vai extinguindo. Rareiam como as aves de plumagens caras.

Na sua generalidade, são profanos, que ainda não foram ungidos com os óleos sacros da ilustração. Acham-se virgens dos arminhos nobiliárquicos, que se conquistam nas rudes campanhas do «b-a-bá», feridas na cartilha do padre Inácio, ou no cerco à cidadela maternal do nosso João.

Cada português que sabe soletrar sente-se logo homem superior, fadado para grandes destinos. O trabalho vulgar é vexatório. A aspiração, a sorridente aspiração é ser doutor em qualquer coisa.

E' verdade que também se dá o inverso. Há doutores que devem ter como suprema aspiração o poderem chegar a soletrar correntemente...

O grande sonho da maioria é comer, beber, gozar, brilhar, de corpo direito, sem fazer nada. E' ser vadio, com dinheiro. A primeira tentação que assedia o portuguezinho ilustre é a de ser político, de falar de política. E' possível que seja por pressentir, intuitivamente, que é essa a mais ampla porta de ingresso à vadiagem brilhante.

Cada um crê-se um árbitro da paz ou da guerra no concerto europeu; e, a dentro fronteiras da nossa Parvônia, sente-se um estadista, um economista, um tribuno.

Em qualquer sítio arma arraial e perora. E' na taberna, na farmácia, nas oficinas, nos clubes, nas esquinas, no soalheiro... Em toda parte onde não abunde o juízo, nem sobeje a vergonha.

Impingem-se mùtuamente planos, teorias, segredos, boatos, patranhas; aqui, difamam-se, além, caluniam-se; ora insinuam, ora blandiciam, ora ejaculam catilinárias. Falam, acaloram-se, indignam-se, tomam atitudes tribunícias. Arranjam sacolas de pedinte e trabuco de salteador. Procedem conforme a ocasião. Dardejam retórica, lamúrias, súplicas, ou fulminam ameaças, de bacamarte aperrado à cara.

Querem tudo, menos o trabalho. Que lhes não falem nessa negregada coisa. O trabalho, para eles, é remédio amargo que só pode tragar-se a olhos fechados e a grandes sorvos, para se lhe não tomar gosto.

A maior parte dos que se vêem vexados a trabalhar, não se lhes pode citar a profissão. Citar-lha constituirá pouco menos que o insulto sangrento, que se remói como uma afronta. Quando trabalham, tudo serve de pretexto para abandonarem o trabalho. A mandriice é uma instituição nacional; é uma colossal confraria de que quase todos são irmãos, e de tão devota serventia, de tão radicado culto, que resistiu bizarramente à lei que arrasou todas as irmandades, confrarias, conventículos e semelhantes ninhos de rato, onde se fazia de tudo, menos amar e servir a Deus.

Manifestações políticas, discussões políticas, greves, feriados, festas, soalheirice, vulgaridades da rua, tudo constitui motivo para se distraírem, para se afastarem pressurosos e alegres do selvático martírio que o trabalho constitui.

Livres do olho vigilante do chefe, do patrão, do encarregado, do fiscal, de alguém que tenha por interesse ou obrigação ver e mandar, entra-se na sorna e entra-se na discussão.

Para assunto tudo serve: a maledicência, a vida alheia, as qualidades e os defeitos de quem os dirige ou de quem dependem; os negócios dos outros, os negócios públicos, a política local, a vida do mundo, a existência de Deus.

E é vê-los, quando se encontram no gozo paradisíaco de mostrarem sabenças, de desleixarem o trabalho. Transfiguram-se. A atitude indiferente e mole no exercício útil, viriliza-se e engrandece-se na discussão mandriona; os olhos perdem a tristeza melancólica dos olhos de um boi de arado e riem-se como alvorada em festa. Não há dislate que lhes não corra à boca cicerônica. Em tudo encontram encanto, menos naquilo em que têm de ganhar o pão.

Podiam pensar que era trabalhando ùtilmente, formigalmente, que melhor se concorria para o engrandecimento nobilitante, para a prosperidade emancipadora da pátria, de que se jactam ser defensores intimoratos e salvadores providenciais; podiam pensar que era no exercício das verdadeiras faculdades naturais e no meio que a sua regular ação lhes proporciona, que poderiam encontrar os riquíssimos filões a explorar, de que lhes surgiria, como de encantada boceta, o bem-estar próprio e a utilidade comum.

Podiam pensar que seria na metódica aplicação do esforço individual; na intensiva cultura das aptidões de cada um; no ajustado equilíbrio, na racional e harmônica cooperação de todos, que está o segredo maravilhoso do elixir da prosperidade, da felicidade e da glória de um povo. Podiam pensar em tudo isso e em muito mais que lhes servisse de estímulo, que lhes fortalecesse a fé do seu civismo hesitante e lhes enobrecesse a missão de unidade pensante, de animal ilustrado; mas preferem pensar só que «o trabalho é bom para preto», como corre, em tradicional aforismo, revelador autêntico do vírus preguiçóide que circula no sangue rubro dos heróis do mar e da mândria.

Que o sangue é rubro, não há dúvida. A cada passo se encarregam de o demonstrar, fazendo-o correr, ao Sol, por meio de vulgarizadas operações, artìsticamente feitas com a ponta aguda de uma navalha de fadista.

E' esta uma patriótica maneira que a alta e cultivada educação portuguesa tem de provar ao mundo que pelas lusas veias ainda gira sangue igual ao que tingia o mar e ensopava os campos, nas épicas façanhas realizadas pelos seus maiores, na conquista do direito à mandriice, à abundância.

O sangue aventureiro lá gira; e se não contém os vibriões propulsores do trabalho fecundo e do desenvolvimento progressivo, é, compensadoramente, rico de fermentações passionais, desde a paixão, amoruda, em que cada português é um herói indiscutível, até a paixão pelo jogo, onde alimenta a consoladora e eternamente risonha esperança de vir a ser rico sem trabalhar: — o que é a ambição mais bela, mais genuìnamente lusitana que eu conheço.

Em volta destas duas paixões dominantes, cultiva com carinho a paixão da pândega, da inveja, da intriga, do descrédito alheio e de outros semelhantes, carcomas do espírito humano, que vivem e proliferam em ubérrimas culturas sob este Sol de ouro, debaixo deste lindo céu de anil e de outras mais denominações iguais e luxuosamente idílicas.

Quem quiser ver um nosso patrício feliz dê-lhe música e foguetes, proporcione-lhe meio de comer e preguiçar e ensejo para ouvir e dizer mal.

E' esta última qualidade tão tìpicamente persistente, tão escalrachante, que ainda aqui eu a estou exemplificando à maravilha...

E' que sempre que me mergulho nesse ambiente portuguesíssimo e vazo nos moldes da nossa língua o meu pensamento livre, readquiro as qualidades inerentes à individualidade terrena, impregnando-me de todos os seus defeitos penetrantes, como um gentil corpo de clorótica lisbonense ao banhar-se no Tejo argênteo se embebe daquela água grossa, olorosa e acentuadamente heróica, pelas arrojadas travessias que faz nos esgotos de Lisboa.

Como vens vendo, grande ofensa fazia eu às formigas pelo comparação. Elas não se entregam à mândria, elas não sabem de política, elas não cultivam filosofias, nem possuem letras gordas, nem magras. (Gordas, considero as de câmbio; magras, as redondinhas e negras com que se enfeita o papel. E' indispensável o esclarecimento para evitar confusões deploráveis.)

Não têm quem lhes perturbe a ordem e a alegria no viver; quem lhes envenene a vida com desgostos e injúrias, nem o estômago com comestíveis e bebestíveis, generosa e aladroadamente falsificados. Não têm quem lhes saia à encruzilhada a saquear-lhes o rico produto do seu labor, nem a denegrir-lhes a reputação — produto honrado do trabalho consciente e honesto de qualquer pessoa de bem. Não têm quem de entre elas diga mal, quem lhes obstacule a marcha deliberada e profícua, nem quem se ria asnalmente, ou insinue torpezas, da sua diligência louvável em serem prestadias e beneficentes. Não têm quem, acobertado em galante hipocrisia, em mentidas dedicações, em admirações fingidas ou simuladas amizades, se compraza em atraiçoar, esfaquear, perder, aniquilar o amigo ou admirado objeto de um culto pérfido e traiçoeiro.

Não têm... Elas não têm lá homens.

E como eu era injusto e descaroàvelmente ofensivo para com as formigas!

XXIII

A utopia da paz

A paz ao mundo! Que ingênua e desassisada aspiração das almas platônicas!

O meu pobre Júlio Diniz continua no seu desferir de trenos, no seu semear de ilusões, como se a farta colheita de desenganos que vem arrecadando não fôsse corretivo doloroso à sua incorrigível simplicidade de bom.

Imaginou ele que o homem havia de deixar crescer asas, como as crisálidas, para se fazerem anjos aí na Terra. Ainda não compreendeu que o homem é interessantemente mais esperto que a borboleta. Esta, se se conservasse modestamente na lagarta mole e dormente de que nasceu não se arriscava aos carinhos dos colecionadores, às barretadas dos garotos, nem à atração fascinante dos candeeiros onde o petróleo procura, burguêsmente, fazer o seu quarto de sentinela durante a ausência do sol-rei.

Entre parêntesis. Eu não sei se poderia dizer sol-rei sem correr grande risco. Tendo nascido em uma terra onde a República faz hoje a doce felicidade material dos meus patrícios, vegetado e vivido em outra República onde a felicidade corria também com a impetuosidade majestosa e triunfante do Amazonas, e escrevendo agora sob os auspícios sorridentes de mais uma República feliz, não sei se me será decoroso falar de rei, ainda que seja do rei dos astros. Já não falo da realeza do homem, que se intitulava outrora, pomposa e orgulhosamente, o rei da Criação. Isso passou. Era quando havia reis e Criação. Hoje já não há reis e há só má-criação.

Mas, se me não for lícito falar em rei, previnam-me.

Eu retrato-me fàcilmente. Não faço questão de termos. Disse rei, como poderia dizer presidente, se supusesse que cá por cima, pelos espaços luminosos, os astros haviam tido já também a sua Rotunda gloriosa e proclamado a sua liberdade e, varonilmente, soberanamente, quebrado os férreos grilhões em que viviam algemados na mais facinorosa tirania. Mas não sei se já o terão feito. Talvez. Não terão para isso menos direito que Andorra ou que a China. O progresso, quando nasce, é para todos, como diriam os taberneiros da minha terra. Bem entendido, nem dizem progresso, nem o que nasce é para todos. O que dizem é o «sol», e «todos» são eles só.

Mas, como ia dizendo, se não puder dar ao astro luminoso o título outrora corriqueiro de rei, que ele conquistou em seculares campanhas contra tudo que tem pretendido empanar-lhe o brilho e tapar-lhe a luz, então digam, porque eu estou velho para conspirador. Chamar-lhe-ei o que quiserem.

O homem, porém, não se deixa engodar com as aspirações místicas do Júlio Diniz. Anjo, que seja ele.

Anjos de asas níveas não podem entrar nas tabernas, que são agora as capelas onde eles vão prestar devotado culto aos deuses; não podem solicitar empregos públicos, armar em heróis, insultar os miseráveis que ousam pensar diversamente.

Os anjos não podem espumar raivas contra criaturas indefesas, não podem roubar, não podem violar, não podem matar; e estas coisas são de muito particular agrado e delicioso prazer do ex-rei da Criação.

Bem se importa ele de paz! Isso são aspirações das velhas que rezam o terço para que Deus as livre da fome, da peste e da guerra e dos maus vizinhos de ao pé da porta. Rezam? Eu não sei se rezam. Rezavam outrora. Hoje não sei se ainda existe quem reze. Pelo menos, não tenho ninguém, de meu conhecimento, que gaste verdadeiramente tempo nessas velharias, contrárias ao progresso dos povos, à perfeição dos costumes e à riqueza dos Estados. E que tivesse, não o denunciaria.

Há nesse mundo muito boa gente que me atiraria, como a cão danado, se percebesse que eu lhe fazia concorrência no honroso e rendoso mister de espião denunciante. Se alguma velhinha de bandós, brancos como a sua pele sem sangue, quiser mostrar o vício que lhe ficou de passadas eras, enviando o seu pensamento súplice e atormentado em procura daquele velho e bondoso Pai que lhe baniram do lar, que o faça sem receio ao pé de mim, que eu não só sou pessoa de segredo, como, aqui baixinho e longe dos ouvidos honrados dos guardas sagrados da Liberdade, confesso que também sofro do mesmo vício impenitentemente.

Quer o Júlio Diniz que Jesus dê paz ao mundo. Eu não duvido que o nosso amoroso Mestre faça a vontade ao nosso querido Júlio. Estou até inclinado a que Jesus não precisaria da fervorosa intercessão do medianeiro valioso, para inundar esse mundo de paz, como o Sol o inunda de luz. Mas onde começo a cogitar dúvidas é se aí no mundo há quem queira receber o presente. Não digo já aceitar e agradecer, digo só — aceitar; porque isto de agradecimentos é coisa que também vai rareando mais no mercado humano que brilhantes pretos.

Em verdade, nem há mister agradecimentos. Agradecer é ser subserviente. Isso são defeitos antigos, que há necessidade de banir. E' uma velharia, e é preciso destruir velharias. O não agradecer poupa o ter que se dizer — não tem de quê... Ora, se se ouvia sempre: — não tem de quê, era porque realmente não o havia; por isso, bem fizeram os filósofos modernos que tomaram a seu peito o engrandecimento moral do homem moderno, em afastar de curso essa moeda de toque falhado.

Ora, se as coisas são assim, se é nessa plena e deliciosa ausência de preconceitos que o homem vive bem, para que teima o Júlio Diniz em vir desejar coisas que ele repudia, e que, num ímpeto de justíssima indignação, lhe atiraria à cara, se não tivesse a infelicidade de não saber bem onde pára, presentemente, a cara triste do saudoso poeta das «Pupilas do Senhor Reitor».

Oh! Júlio Diniz, quer você um conselho? Não se meta, homem, onde não é chamado. Que você deseje a paz a algum sonhador antigo que na Terra ficasse cristalizado, a ressumar coisas esquecidas, vá. Agora, desejar paz ao mundo, que não deseja senão guerra, é uma sofrível prova de abelhudice.

Convença-se de que os homens em nossa terra sabem muito bem o que querem e o que lhes convém e dispensam a sua paz, que só iria aquietar as águas, tirando-lhes a turbação onde se pesca à maravilha. Os da nossa terra e os das outras terras, que, afinal, são todos da mesma massa.

Não se meta com eles, Júlio Diniz.

XXIV

A teima dos negadores

Mais uma vez e será a última. Que se nos dá — a ti e a mim — que acreditem ou não que me manifesto por ti e que, daqui, «do país de onde mais ninguém volta», eu volte, em momento de nostalgia, para me debruçar ao balcão desse mundo, a dizer coisas diversas das que aí disse outrora?

Tenho dado, a meu modo, razões atinentes a satisfazer os mais pechosos. Eles não conhecem essas razões, porque as não leram e continuam na sua deliciosa teimosia de serem os guardas sagrados da minha reputação, do meu nome, da minha obra, atirando-se a ti com a sanha platônica de literatos indignados. Pois deixemos que assim seja. Eles serão felizes nessa enternecida homenagem à minha memória e eu não serei menos feliz em sentir-me alvo desse culto adorável, tão fora do comum, tão inesperadamente aparecido numa época em que os cultos se extinguem no árido evolucionar prosaico das coisas positivas.

Já disse, por vezes, os motivos que não permitem que me apresente agora integralmente igual àquele que outrora era conhecido aí. Já pus no caso mais empenho que o lògicamente necessário. Insistir, seria parecer que sinto pesar em que te suponham autor «das mal traçadas linhas» em que o meu humor piparoteia, de quando em vez, o nariz avermelhadamente patusco do bom burguês desse mundo. Não quero dar esse aspecto ao assunto.

Se ainda mais uma vez o abordo, é porque me dá pena a diversidade dos juízos feitos sobre as tais mal traçadas linhas, consoante elas se suponham traçadas por ti, ou traçados por mim.

Vi um dia, num estreito cubículo de bricabraquista, um velho quadro sujo, de cores duras, assunto caseiro, piegasmente banal. Tive pena da luz com que o meu olhar cansado de observador o iluminou momentâneamente. Pareceu-me uma inutilidade, como muitas outras amontoadas, sem arte e sem limpeza, num triste estabelecimento de negociante de velharias.

Dias depois, noticiava-se que havia sido descoberto um Rembrant verdadeiro entre velhos tarecos de um ferro-velho de antiguidades. Foi posto em exposição, depois de carinhosamente tratado. Fui vê-lo. Era o quadro anônimo e sujo, para que eu, num olímpico gesto de ignorante, desdenhara olhar.

Os que criticam o que daqui escrevo têm, para seu uso, a mesma falhada escala de apreciação. Olham-no prevenidamente, como coisa tua, e acham-no banal, ínfimo, pretensioso, sacrílego; achá-lo-iam assim, ainda que fôsse uma harmonia de frases belas, de ritmo cantante, como o de uma cascata de pérolas caindo sobre lâminas de ouro fino.

Se, porém, o lerem, antecipadamente convencidos de que vão ler coisas minhas (que me perdoem os literatos que não gostarem de mim), acharão ambrosia divinal, fragmentos brilhantes de literatura diamantina. Não há ofensa, nem menosprezo para ninguém nesta minha apreciação. Nasce do conhecimento da vida e de saber quanto a sugestão pode subjugar, até ao esmagamento, o mais sutil espírito crítico de um apreciador de juizo antepreconcebido. No que se passa comigo, e no que se refere aos outros.

Não procuram esses críticos, bussolados por um critério desapaixonado e salutar, amplamente lavado de preconceitos, estudar a manifestação que se depara ao seu olhar inquieto. Não. Isso seria coisa vulgar. Era fazer o que faz toda a gente de mediano senso comum. Seria depreciador e baixo aceitar como provável um fato que o pedantismo científico repele, em contorsões de ignorância soez. E, então, para não cair na vulgaridade deprimente de ser como todo o mundo, nem se incorrer nas fulminações jupiterianas dos Tonantes que aí regem, de férula erguida em guisa de batuta, a marcha evolutiva das ideias, atiram-se a um desdenhar fácil, rebuscando possíveis e inevitáveis falhas ou claudicações na obra apresentada, para servirem de corpo de delito no processo de falsificações. E rejubilam, quando encontram uma palavra ou uma frase que não corresponda plenamente à estética ideal que os seus cérebros, infinitamente variáveis nos métodos analíticos, tornaram modelo inalterável de cada um de nós.

Esses críticos se aplicassem a tudo o mesmo método racionalista, de mesquinho horizonte e duvidosa justiça, andariam pela vida adiante em briga permanente contra toda a gente, porque se apresenta hoje pensando de modo diverso do que pensou ontem; fala hoje com frases diversas das que empregou outrora; usa fato desigual do que trajou há anos; e tem bigode branco, quando, em novo, anediava, em ademanes de Kaiser, sedoso bigode de fios de azeviche ou de ouro.

Não te canses, não nos cansemos, pois, em querer meter na cachimônia dos outros aquilo a que eles recusam obstinadamente a entrada. Eu, nem tu, vimos a fazer primores literários. Não preciso mais estátuas do que a meia dose que, em atitudes amorosas, se desvanece no Quintela. Não sou ambicioso, nem aspiro a candidato à Academia de Ciências de Lisboa, nem cobiço mais louros de imortalidade terrena. Tu, que eu saiba, não tens aspirações de ser modelador da Frase, nem maestro do Som. Tu e eu, numa afetuosa concordância de sentir, aspiramos só a vazar, em moldes conhecidos e universalmente perceptíveis, as ideias que ora ocupam os nossos cérebros e agitam os nossos espíritos.

Dizem-te que não sou eu? Pois que não seja eu, sejas tu. Para que nos agastarmos? Tire-se esse pretexto aos pechosos. Os que amarem a minha memória, fiquem como centuriões de guarda à minha cova, não vá suceder que o meu espírito, como o corpo do Nazareno sublime, desapareça de lá, para ir pôr tremuras de inquietação nos espíritos terrenos. Guardem-me bem. Está assente, para esses, que morri. Para mim, não está; e vou-me sentindo feliz por o ir demonstrando, num sincero desejo de que dessa demonstração aproveitem, como advertência, muitos que por aí, em pascácia e inesperta ignorância, se vão deixando seduzir com os cânticos das sereias da Materialidade. Nós lhes dizemos daqui: — olhem que vão mal. Aqueles a quem damos o grito amigo, em vez de aceitarem a indicação do grito e mudarem de itinerário, põem-se antes a discutir quem amigàvelmente os adverte?

Pois que gozem o prazerzinho, tão genuìnamente português, da discussão e sigam, que, quando derem a cambalhota final, ficar-lhes-á ainda tempo de sobra para reconhecerem quanta dose de toleima existia na sua pretensiosa esperteza.

Não nos havemos de matar pela teimosa renitência desses: — eu, porque já não posso, e tu, porque não o deves.

Que creiam que sou eu, que não creiam, vamos falando. E olha que alguém nos ouvirá.

E basta que alguém nos ouça, para, com esse, ganharmos o nosso dia.

XXV

O calabre sem agulha

Não sejas ingênuo! Não sejas simples! Para que consentes que, às vezes, em momentos de sonho, te preparem horas de amarga desilusão, avoejem, em volta do teu cérebro, esses bandos de esperanças, como abelhas douradas em volta da moita de arbustos floridos? Espanca-as. São tentações a conduzirem-te à dor!

Não conheces ainda o mundo e os homens? De quem e de onde esperas socorro? Espera-o só de Deus. Ele to dará do seu cofre infinito de graças e de amor. O seu cofre não tem dinheiros...

Tem saúde, tem bênçãos, tem dotes de alma, tem torrentes de luz, tem bálsamos para todas as dores, tem consolações para todos os sofrimentos das almas... Do recheio de seu cofre Ele reparte pròdigamente contigo. Chega para ti e para aqueles a quem queiras distribuir. Pede-lhe e aceita e distribui. Mas não contes com mais. Nem com os teus, nem com os teus, crê.

Conta contigo. Cambia em trabalho útil e produtivo toda a rica moeda que Deus te pode dar do seu erário, e desse trabalho irás tirando, com amargura surdamente dolorida, o pão para ti e para os teus. Não delires. Abandona esses propósitos de apostolado. Numa época utilitária e fria, cheia de egoísmo e de materialidades sombrias, não encontrarás quem para teu apostolado te dê o auxílio de um pataco. Talvez encontrasses... se tivessem um pataco falso.

Abnegação, altruísmo, desinteresse são coisas excelentes... para uso dos outros. Caridade, dedicação humanitária... palavras que ainda se podem concretizar, se forem exemplificadas só com palavras.

Tu não conheces os homens! Os que podem manifestar sincero empenho em te ser úteis, em querer compartilhar contigo os proventos de uma longa seara de dedicações e benemerências, não estão em situação social e monetária de o poderem fazer; e se estivessem, aquela sinceridade, aquela vontade benemérita sofreriam tão forte depressão nas suas faculdades expansivas, que não sairiam dos domínios de um platonismo... defensivo. O egoísmo, a avareza, como os leões fabulosos dos contos de fadas, se colocariam em defesa feroz e invencível às burras onde aquela sinceridade e aquela bondade seriam aferrolhadas com o ouro.

E' porque não podem, que são sinceros e entusiastas nas suas opiniões e nos seus projetos... Se pudessem! — dizem. E' porque não podem; porque, se pudessem... faziam como os outros. Olha que são assim e não perdem o feitio.

Queres matar de vez essas ilusões, que não têm fundamento, nem consistência e que sem a mais ligeira ideia de viabilidade te arremessam? Experimenta.

Há aqui no Rio, entre os teus confrades em evidência, um que passa por benemérito da ideia, da propaganda. E' rico. Possui centenas de contos, dizem. Conhece a Doutrina. Estuda os Evangelhos do Cristo. Não há palavras neles que ele não tenha interpretado, discutido, admirado. Ora todos os dias, mais de uma vez. Creio que, no seu íntimo, estará sinceramente convencido da sua crença, da sua dedicação.

Pois bem, procura-o e dize-lhe: «Irmão, és muito rico; tens contos às centenas, segundo dizem; tens o que te basta e o supérfluo. Desse supérfluo, dá-me um pouco, para que eu possa repartir pelos pobres em saúde e luz. Quero votar-me à obra do Mestre, à nossa causa, à Humanidade; mas não posso viver de ar. Ou tenho que me votar ao pão meu e dos meus, ou ao salvamento dos outros. Dá-me, em nome do Cristo, esse dinheiro, que não perderás a tua recompensa. Deus deu-me faculdades de espalhar a saúde e a luz; mas, as exigências da vida impedem que eu o possa fazer, por cuidados da minha sustentação. Vem em auxílio da obra de Deus, pondo-me ao abrigo desses cuidados, e te asseguro que esse dinheiro, que para ti nada vale porque sobeja do que é necessário às tuas exigências normais, irá transformar-se em luz para os que estão cegos de espírito e de entendimento; irá servir de farol a muito transviado. E assim seguirás a Jesus, sem teres necessidade de vender o que possuis; assemelhar-te-ás a Deus, porque cooperarás na sua obra.»

Verás que te olhará piedosamente, suspeitando que enlouqueceste. Dir-te-á coisas, que tem filhos, negócios... que não tem o que se diz... que não pode... Irá dizer mal de ti. E ficar-lhe-á esse que te serviria e todo o mais, sòrdidamente amontoado, a fazer-lhe peso no mundo, quando a morte lhe mostre que, não tendo podido dispensar um pouco, o dispensará todo.

E ele, o crente, o benemérito, o estudioso do Evangelho, não se lembrará que quinhoaria contigo das bênçãos que o dinheiro conquistasse, que se banharia, ao entrar na morte, na luz que aquele dinheiro tivesse espalhado. Aquela parcela resgatá-lo-ia da inutilidade da sua vida, da inutilidade da sua fortuna amontoada.

Faze a experiência... se de experiências ainda careces para saberes que os homens só consideram Mestre a Jesus, em tudo que ele não ensine contra os seus interesses e contra a sua burra.

Será mais fácil passar um calabre pelo fundo de uma agulha que um rico entrar no Céu — disse Jesus.

— Posso acabar de mostrar isto?

— E pediste-me licença para começares a mostrar?

— Entendo que sim, para que...

— Elas são visionárias!

— Fernando; vai com o que te digo. Abandona projetos nada consentâneos com a vida atual. Ensina, trabalha até onde puderes. Além, não poderás ir e por isso não poderão tomar-te responsabilidades.

....

E' verdade. Sinto-me mal. A tua vida, as tuas visões, os teus sonhos, os teus horríveis dias, o inferno em que torturas constantemente a tua alma, tiram-me a coragem de fazer o que eu fiz em momentos bem tristes da minha vida: — simular alegria e despreocupação. A tua vida preocupa-me e aflige-me. E eu, que vinha para te incutir coragem, sinto-me mais fraco que tu! Pobre Fernando.

XXVI

Piparote ao Futurismo

Meu amigo:

Há mais de um decênio que não me preocupo com as parvoíces da Terra. Nem presumia a possibilidade de enviar novamente para aí a minha futilíssima correspondência, entregando-me à atividade, sem fadigas, do trabalho que me foi designado, como abelha dócil e paciente, quando alguém me insinuou a ideia de vir ditar-te as minhas sandices.

Quê! Escrever para aí! Toda tentativa que eu fizesse redundaria em rematada loucura. Reafirmar todo o meu asco por essa vida materialona em doses fortes de ironia? Provocar a risibilidade dos estafermos humanos, que copiam fielmente a vida dos patos irracionalíssimos, a refocilarem-se grasnando nos charcos lamacentos?

Empresa inútil; todavia, apesar dos anos que tenho vivido nesta região de aquém, onde se surpreendem inimagináveis imprevistos, ainda não perdi o gosto de rir gostosamente do meu próximo que se acha metido na veste sebosa da carne nojenta; mas uma necessidade se me impunha, imperiosa, tirânica: adaptar-me de novo a expressar as maviosidades aveludadas da língua portuguesa.

Um olhar retrospectivo bastou, para que me sentisse apavorado com tantos progressos, tanta reforma, tanta novidade e tanta tolice.

Sempre amei o que é novo, detestando as formas e as medidas que constringem a beleza e a espontaneidade da ideação, adorando a originalidade, abominando, porém, a macaqueação e a estupidez. E a velha sociedade, com os seus costumes desonestos, deteriorando-se, dia a dia, numa decomposição asquerosa, apresenta-se-me tal qual uma cortesã muito antiga com os seus cabelos brancos, rosto enrugado, olhos escleróticos e dentes podres, cobrindo-se de pós perfumados e rendas de Bruxelas, toucando-se de um ar de mocidade fabricada. Foram talvez essas ânsias de apegar-se ao que seja parvoiçadas que, em confusão, provocaram o parto da onda futurista que avassala os cérebros fúteis da atualidade.

Coisas da velhice caduca e incapaz.

Cultua-se sòmente o que é tolo, adora-se apenas a frivolidade, entronizando-se tudo o que transpire a puerilidades ocas e casquilhas.

Que é a literatura hodierna? Um acervo de bagatelas da mentalidade dos palermas. E como se julgam engrandecidos os nossos extraordinários gigantes liliputianos que, atolados até o pescoço na sua ciência, condenam tudo o que é perfeito! O monumento literário da língua portuguesa, modernamente, não é mais do que uma caleça em cacos empoeirados, onde se aboletam os pobres passadistas, enfermados da cabeça.

Os livros nossos, genuìnamente nossos, hoje não são mais que repositórios de bolor, de mofo, de sujidades; são letras ordinárias, falhas de beleza, sem a mínima dose de sentimentalidade e poesia e mesmo de patriotismo. Pecam, como arcaicas, por se prenderem a coisas de Portugal e do Brasil. Quem eram Herculano, Camilo, Fialho, Machado de Assis? Nomes que passaram, escrevinhadores de prosa barata para brochuras pífias e reles. Castilho, João de Deus, Antero de Quental?Poetastros e versejadores choramingas, que servem apenas para salientar a beleza imaculada das excelsas produções dos novos príncipes da poesia, imortalizados com os seus altíssimos poemas de cinco palavras. Tudo passou.

Classicismo, estilística, vernaculidade? Só com os senhores puristas da época, iluminados de... idiotia. Esses, sim, com o rótulo de doutores por fora, com a carteira recheada de pergaminhos amarelentos, cheirando a bafio, estigmatizados por dentro com o sinal de patetas, são os grandes literatos futuristas. Transudando superioridade até nas extremidades das unhas, acham-se por aí aos centos, turibulados, incensados, provocando a admiração dos seus contemporâneos, que bem se assemelham àquele pobre quadrúpede resignado e pachorrento, que não sabe senão ornear ruidosamente.

Tantos e tão fortes motivos ordenavam que me afastasse da chatíssima intenção de escrever para aí; encontra-se enfraquecido, profundamente depauperado o meu arsenal de ironia e chocarrices, e já que, sòmente com essas armas afiadíssimas, se pode enfrentar sem medo a pirâmide imensa e fenomenal das parvoíces da besta humana, era necessário desistir.

Antegozei, contudo, o saboroso prazer de oferecer aos meus semelhantes a minha opinião pessoalíssima, que sempre lhes caiu na alma como pedra de acentuado sarcasmo, e lembrei-me dos bons tempos em que o Fernando (1) transmitia a esse mundo sublunar as minhas asneiras, em cartas sensaboronas, que faziam o prato delicioso da sociedade alfacinha.

Acometeu-me o desejo incoercível de atirar um dos meus petardos de troça ao gênero bípide e estalar uma boa gargalhada, sonora e sã, com o fito de manifestar todas as minhas felicitações à sociedade nova, heróica, futurista, valente, vaidosa, sorridente e atoleimada.

Foi o que fiz. Tentei a prova.

Focalizei no meu pensamento a ideia de vir ter contigo e bastou isso para que as minhas raras faculdades de fantasma alígero me conduzissem a este maravilhoso recanto sertanejo em que vives, esplendor de canto agreste, quase selvagem, trazendo-me reminiscências de uma paisagem minhota, cortada de regatos, aromatizada de frescas verduras, suave e perfumosa, encantadora e alegre, onde apenas faltasse o cheiro caricioso do vinho verde reconfortador. Busquei aproximar-me da tua individualidade.

Vi-te, finalmente. Lá surgias ao fim de uma rua

---

(1) O médium Fernando de Lacerda, já desencarnado.

bem cuidada, onde se alinhavam casas brancas e arejadas, brasileiríssimas, abarrotadas de ar, de saúde, de sol; vinhas com o passo cansado, pele suarenta a derreter-se dentro de roupas quase ensebadas, com os pés metidos em legítimos socos do Porto, obrigando-me a evocar o cais de Lisboa, onde pululam esses tipos vulgaríssimos de moços de recado e carregadores, envergando tamancos portuguesíssimos.

Sem que pudesses observar-me, submeti-te a demorado exame. Procurei a tua bagagem de pensamentos, encontrando na tua mocidade tudo quanto a tristeza criou de mais sombrio; em tua alma amargurada, vi apenas porções de sofrimentos, pedaços de angústia esterilizadora, recordações tristonhas, lágrimas cristalizadas, reconhecendo que ambos éramos falhos para o labor a empreender.

Que não te cause estranheza o meu modo particular de apreciação sobre a tua personalidade. Crê. Nisto não vai a mínima parcela de desconsideração. E' que eu próprio me surpreendo com os tipos originais que o espiritualismo moderno apresenta ao mundo. Mãos que se entregam aos rudes trabalhos braçais, fazendo a literatura do além-túmulo, isto é, deste país estranho onde moro folgadamente, como pintassilgo às soltas na Natureza; homens interessantes, que Tartufo, atualmente, mimoseia com os epítetos de bruxos e endemoninhados e que Esculápio, com toda a sua respeitável autoridade científica, qualifica de basbaques ou mistificadores, ou, ainda, classifica de casos patológicos a estudar.

Vi-te e ri-me. Não de ti. Ri-me da estultícia do cérebro desequilibrado do asno humano, com o seu volumoso e pesado arquivo de baboseiras. E é com esse riso espantoso, com essa mordacidade que foi sempre o meu característico, que resolvi dirigir-me a esse círculo vicioso de banalidades e formalismos chatos, onde costumas chorar tolamente. Convence-te de que se comete um ato desarrazoado, uma inqualificável imprudência, em derreter-se inùtilmente, porque outrem se estertora voluntàriamente no lamaçal onde se repoltreiam os irracionais. Abandona essa exótica preocupação aos mais parvos do que tu. Ri-se o mundo de nós? Riamo-nos dele. Achincalhemos os seus arremedos aos gorilas, ridicularizemos as suas intuições, onde predomina a bandalheira, os seus pulos de cabra-cega; traduzamos a admiração que tudo isto nos desperta com o riso bom, que sempre apavorou os tímidos e os insuficientes.

Porque há-de alguém lamentar-se sobre a grandeza das esperanças, dos entusiasmos e ilusões, pelo motivo de a Humanidade tosca preferir constantemente a mentira à verdade, a escuridão à luz, a guerra à paz, nunca conseguindo desviar-se do pantanal de detritos e porcaria?

Tens um ideal, que é o ideal do Bem. O mesmo luminoso sonho de quantos têm admirado o maior e único Mestre na Terra, que foi Jesus. Deixa os receios, os temores e as vacilações às toupeiras enceguecidas, que não suportam senão a luz coada das suas tocas subterrâneas e segue sempre, olhos fitos no clarão do teu esplendente idealismo, não reparando nem contando as dores, os tropeços, os obstáculos, recordando-te incessantemente de que só os que buscam a espiritualidade pura, que se banham nas claridades sadias do sol esplendoroso do sonho de perfeição de Jesus-Cristo, é que poderão receber as grandiosidades do seu amor.

Toda a minha capacidade descritiva é impotente para pintar a ventura suprema dessas almas que aí viveram em contubérnio com as úlceras da alma, com os padecimentos superlativos, com os cancros morais. Aqui aportam cobertas de chagas vivas e sanguinolentas, que são transformadas em focos radiosos. Cada gilvaz de dor é uma flor de luz. São esses os gozadores dos benefícios de Deus.

Nunca consegui haver-me com quem se entregasse a lamentações estéreis e improfícuas.

Conhecendo todo o martirológio dos santos, fui sempre avesso aos cilícios, às penitências, à lágrima e a contas de rosário. E' que considerava improdutiva toda oração sem trabalho, toda queixa sem luta, toda lamúria sem um esforço sério, no eterno combate da perfectibilidade.

Os que lutam, os que lutam e sofrem, batendo-se

corajosamente, são os que possuem as alegrias daqui, que constituem o «notre argent» com que adquirimos a felicidade sem mescla.

E são prazeres radiosíssimos, belos. Nem podem comparar-se ligeiramente ao gozo instintivo do bicho humano, ao contemplar a «belle femme», as sensações báquicas que se experimentam num café londrino e nem mesmo à alegria louca do artista que se vê, de uma hora para outra, coroado de glórias, no clássico «salon» de Paris. São emoções divinizadas, só apreendidas pelos lutadores, pelos que sonharam na esperança linda de concretização das doutrinas da fraternidade, da luz, do amor, da paz e do perdão.

Segue, pois, o teu grande e luminoso ideal.

E perdoa-me, se nada mais sei dizer, que te incite à prática do Bem. E' que nunca me pesaram muito na alma essas questões de virtudes e bem-aventuranças; jamais pude esconder o meu amor, «enragé», por tudo quanto é singularmente profano. Soube rir, rir apenas. Talvez seja esse o motivo por que se enferrujaram as fibras mais delicadas da minha sensibilidade de ironista, faltando-lhes, por certo, para que se mantivessem normais, o lubrificante das lágrimas, que detestei em todos os minutos da minha vida boçal de palhaço.

Adeus. E não olvides do riso são, às investidas dos patifes que se refestelam no brejo lodacento das misérias deste mundo de esclarecidíssima ciência ateia, de grandes sábios pigmeus e de portentosas nulidades.

EÇA DE QUEIROZ.

(Recebida pelo médium Francisco Cândido Xavier.)

XXVII

Julgando opiniões

Após a publicação do teu e nosso livro, abundaram as opiniões com respeito à tua personalidade. Embora tão já conhecidas as questões espíritas, não faltou quem te considerasse um sujeito anormalíssimo, apesar de constituir o teu caso de mediunidade um fato vulgaríssimo, portas a dentro da psicologia, definido pelos psiquiatras, entendidos na matéria, que classificam, sem admitir contestação, o problema mediúnico dentro do subconsciente como um quisto metido em álcool, para estudo.

Alguns se abalançaram a crer que somos nós que escrevemos através dos teus dedos; outros, porém, honraram a tua cabeça com uma privilegiada massa encefálica; outros, ainda, concedento-te um extraordinário poder de assimilação e uma esquisita multiplicidade de característicos individuais, viram na tua faculdade uma questão simplíssima de inteligência, não obstante a acusação de outrem, de que conseguiste apenas nos desfigurar e empobrecer. Tudo está bem.

Subconsciência, mediunismo, psicopatia, loucura, simulação, anormalidade, fenômeno, estupidez, espiritomania. O que é certo é que apreciaste os nossos desarrazoados e nós nos comprazemos na janelinha, através da qual gesticulamos e falamos para o mundo; e se almas caridosas têm vindo para espicaçar-lhe o desejo de uma beatitude celestial para cá da morte, aplicando sedativos às suas chagas purulentas, não me animam semelhantes objetivos. Não lhe darei consolações nem conselhos. Grande soma de desprezo pude acumular, felizmente, pela sua vida detestável onde a púrpura disfarça a gangrena. Deus não me deu ainda a funda de David para vencer esse eterno Golias da iniquidade. Não é porque eu tenha sido aí um santo, que o não fui. Ambientes existem que revoltam certas individualidades, sem amoldá-las ao seu modo, e, fora do abismo, experimenta-se o receio de uma nova queda.

Crise de gênios

Os meus escritos póstumos são apenas sinônimos de amistosas visitas. E, como há quem te assevere serem as nossas produções expressões da tua genialidade, quiçá da tua fertilidade imaginativa, resolvi prevenir-te para que não te amofinasses de orgulho como abóbora seca, a chocalhar-lhe as suas pevides, porque os gênios hoje constituem raridades. Há crise deles atualmente. Crise oriunda do excesso, como todas as crises hodiernas. O ouro desaparece, permanecendo sòmente a moeda fiduciária, em muitos países, por inflações de crédito ou por exuberância de produção. As nacionalidades estão depauperadas porque possuem demasiadamente; são vítimas da sua abundância e do descontrole.

A crise de gênios tem a origem na superabundância deles. As Academias fabricam-nos às dúzias e a concorrência intensifica a vulgaridade.

Gênios póstumos

Acompanhemo-los desde os seus pródromos. São crianças nervosas irritadas. A mãe dá-lhes tabefes. Mas os amigos da família pontificam. Aquelas traquinadas são os prenúncios de uma genialidade sem precedentes e citam os casos de inteligência precoce de que são sabedores. Os fedelhos são como quaisquer outros. Mais tarde os rapazes cursam uma Academia que faz anualmente uma desova de celebridades. Aprendem lexicologia, esmerilhando clássicos; algo de geografia física, política, histórica, econômica e matemática, algumas noções gerais, e os alfaiates ou o adelo rematam a obra. Inflados de sapiência, de estudos especializados, são Spinosa em Filosofia, Harvey em Medicina e expoentes máximos do Direito em ciências jurídicas. Não andam porém polindo lentes para viver ou perseguidos por colegas. Vivem com o estômago reconfortado, numa quase homogeneidade pasmosa, aos magotes, exibindo títulos, à cata de comezainas, apadrinhados, tutelados, pois geralmente são saídos do ventre rotundo e inchado da politicalha de ocasião. De posse dos seus diplomas, os nossos heróis se sacrificam com denodo, frenèticamente. Por idealismo? Não. Buscam pouso na burocracia. E o conseguem. Abdicam então das suas faculdades de raciocínio e reclamam o azorrague de um político que os comande. Transformam-se em azêmolas indiferentes, passivas. Temos, aí, quase a totalidade dos gênios da época. À sombra da acolhedora máquina do Estado, engordam e apodrecem, pensando pela cavidade abdominal; gastrônomos e artistas têm o cérebro curto e o ventre dilatado, enorme.

«Não busques ser o gênio, sê o apóstolo»

São inteligências enciclopédicas que apenas sofrem de dispepsias e que daqui se nos afiguram como feiras de aptidões e consciências. Correm aí atrás de tudo o que signifique o seu mundaníssimo interesse e vivem segundo as oportunidades.

Idiotas, abandonam a vida material, quais suínos. E é de se ver os esgares e trejeitos desses patifes, quando acordam na vida real.

Desejaria que houvesse um local isolado, circunscrito, conforme os tratados de teologia católica, onde Lúcifer, com os seus sequazes, lhes destilasse, a fogo ardente, as gorduras envenenadas.

De qualquer forma, porém, temos aqui o serviço ativo de saneamento espiritual, sem infernos nem purgatórios espirituais. Graças a Deus.

E, como a vida desse mundo é repleta de coisas transitórias, esperamos que o reconheças, desempenhando todos os teus deveres cristãos. Que outros se enriqueçam e se locupletem. Procura as riquezas da alma, os tesouros psíquicos que te servirão na Imortalidade.

Não busques ser o gênio. Sê o apóstolo.

EÇA DE QUEIROZ.

(Recebida pelo médium Francisco Cândido Xavier, em 6 de Dezembro de 1934.)

FIM